JEAN-CHRISTOPHE BAILLY

A FRASE URBANA
ENSAIOS SOBRE A CIDADE

JEAN-CHRISTOPHE BAILLY

A FRASE URBANA
ENSAIOS SOBRE A CIDADE

tradução
ANDRÉ CAVENDISH
MARCELO JACQUES DE MORAES

© Éditions du Seuil, 2013
© desta edição, Bazar do Tempo, 2021

Todos os direitos reservados e protegidos pela Lei nº 9610 de 12.2.1998.
Proibida a reprodução total ou parcial sem a expressa anuência da editora.

Este livro foi revisado segundo o Acordo Ortográfico da Língua Portuguesa de 1990, em vigor no Brasil desde 2009.

EDIÇÃO
ANA CECILIA IMPELLIZIERI MARTINS

ASSISTENTE EDITORIAL
MEIRA SANTANA

TRADUÇÃO
ANDRÉ CAVENDISH
MARCELO JACQUES DE MORAES

COPIDESQUE
LIA DUARTE MOTA

REVISÃO
ELISABETH LISSOVSKY

CAPA E PROJETO GRÁFICO
SÔNIA BARRETO

EDITORAÇÃO
SUSAN JOHNSON

CIP-BRASIL. CATALOGAÇÃO NA PUBLICAÇÃO
SINDICATO NACIONAL DOS EDITORES DE LIVROS, RJ

B139f
    Bailly, Jean-Christophe, 1949-
      A Frase Urbana : Ensaios Sobre A Cidade / Jean-Christophe Bailly; Tradução André Cavendish, Marcelo Jacques De Moraes. - 1. Ed. - Rio de Janeiro: Bazar Do Tempo, 2021.
      250 P. : 14 x 21 cm.
      Tradução de: La Phrase Urbaine
      ISBN 978-65-86719-41-3
      1. Urbanismo. 2. Arquitetura. 3. Ensaios Franceses. I. Cavendish, André. II. Moraes, Marcelo Jacques De. Iii. Título.

21-69703   CDD: 844
                                                      CDU: 82-4(44)

Camila Donis Hartmann - Bibliotecária - Crb-7/6472
04/03/2021   04/03/2021

AMBASSADE
DE FRANCE
AU BRÉSIL
Liberté
Égalité
Fraternité

Cet ouvrage, publié dans le cadre du Programme d'Aide à la Publication année 2020 Carlos Drummond de Andrade de l'Ambassade de France au Brésil, bénéficie du soutien du Ministère de l'Europe et des Affaires étrangères.
Este livro, publicado no âmbito do Programa de Apoio à Publicação ano 2020 Carlos Drummond de Andrade da Embaixada da França no Brasil, contou com o apoio do Ministério francês da Europa e das Relações Exteriores.

BAZAR DO TEMPO
Produções e Empreendimentos Culturais Ltda.

Rua General Dionísio, 53, Humaitá, 22271-050 – Rio de Janeiro – RJ
contato@bazardotempo.com.br | www.bazardotempo.com.br

SUMÁRIO

- 7 **APRESENTAÇÃO**
  MARGARETH DA SILVA PEREIRA
- 23 **INTRODUÇÃO**
- 29 DESAFIO
- 36 A GRAMÁTICA GERATIVA DAS PERNAS
- 54 NÃO MUITO LONGE DE ARCUEIL
- 60 AMOSTRAS
- 71 PASSAGEM DAS HORAS, PASSAGEM DOS NOMES
- 79 PARIS, A MEMÓRIA EM OBRAS
- 92 PASSADO SIMPLES
- 103 O CHAMADO DOS BASTIDORES
- 116 O PRÓPRIO DAS CIDADES
- 123 FIM DOS DORMITÓRIOS?
- 134 *UTOPIA POVERA*
- 148 A DICÇÃO DA ARQUITETURA
- 161 A FRASE URBANA
- 171 A CIDADE ARBORESCENTE
- 186 SOBRE OS ESPAÇOS NEGLIGENCIADOS PARISIENSES
- 200 RETORNO ÀS ALAMEDAS
- 217 O BROOKLYN DE JAMES AGEE
- 223 POR UMA ARQUITETURA REINTEGRADA
- 238 TRÊS VISÕES

- 245 **SOBRE O AUTOR**

APRESENTAÇÃO

MARGARETH DA SILVA PEREIRA

**Cidade, território fugidio e híbrido
(ou Cidade, s.f. singular e plural)**

Como diferentes formas de interação, afetação e afeição, as cidades pressupõem tensões, fricções, distanciamentos, encontros, sublevações, derivas e exigem, assim, uma leitura atenta dos gestos que promovem, acolhem, rejeitam, reprimem ou celebram. Mas sabemos ler as linguagens que falam e como nos falam? Sabemos ou temos, sequer, a paixão de Jean-Christophe Bailly de, como ele mesmo diz, "fazer existirem as coisas", e, no nosso caso, a paixão de fazer existir a cidade?

Talvez sejam essas as perguntas oblíquas, não formuladas, às quais nos convida este recente livro de Jean-Christophe Bailly. Em *A frase urbana*, publicado na França em 2013, é como se o autor nos mostrasse uma rosa dos ventos que nos permite não necessariamente responder, mas propor formas de explorar como ler e fazer existir a cidade, deixando-nos impregnar por ela e interagindo com ela e considerando-a como forma, ao mesmo tempo material e política, a partir de outras formas, inclusive, de conhecimento.

Como se vê, a proposta não é soberba, mas também não é pequena. Trata-se, antes de tudo, de um exercício delicado e em relação ao qual pouco se pensa – ou que só se faz em momentos de crise. Como mostra o autor, a cidade solicita de cada um contínuos desvelamentos, exigindo uma certa hermenêutica que não é apenas dela, mas daquele que empreende o próprio exercício. Ademais, na reflexão sobre as formas de cada cidade de ser cidade, sobre a interação com seus fragmentos, com suas ruínas, com seus sonhos, com seus projetos de futuro e com o próprio movimento de exploração de seus mitos e de suas fantasmagorias, pressupõe uma relação sempre aberta e a capacidade de mostrar-se atento às metamorfoses cotidianas entre todas as dimensões, forças, direções, ritmos e "acidentes" em presença.

Embora derive da atenção do autor como professor da École Nationale Supérieure de la Nature et du Paysage de Blois à arquitetura, ao urbanismo e à paisagem, guiando os seus leitores a um aprendizado mais alargado das cidades e à sua leitura, este livro não se destina apenas a especialistas da cidade e do urbano. Pois, além de filósofo e ensaísta, Bailly é também dramaturgo e poeta, com forte engajamento político, o que faz com que *A frase urbana* permita diferentes ângulos de leitura.

Nesse sentido, certamente, também será lida por professores e estudiosos de literatura, geógrafos, ecologistas, antropólogos e, ainda, por arquitetos, urbanistas e paisagistas, como já acontece com outras das obras do autor na França. Mas é acima de tudo um livro que, entre nós no Brasil, deveria ser lido por todo citadino e por todo cidadão.

De fato, diante da forma de expansão das cidades brasileiras no século XX, com uma clara setorização e separação das áreas de trabalho, de residência e de recreação promovida pela taylorização da vida social sob o domínio do funcionalismo e, mais ainda, com as claras divisões e assimetrias entre classes sociais, níveis de renda e possibilidade de acesso a serviços e equipamentos públicos, a crítica ao pensamento urbanístico dominante no século XX que permeia as páginas de *A frase urbana* não só se torna ainda mais pertinente como aumenta a urgência de aprendermos a ler os sentidos e a arquitetura da cidade.

Aqui, inclusive, é preciso tanto desvelar o urbanismo e os dispositivos construídos naquilo que são de fato capazes de constranger e oprimir, como desde Foucault vem sendo feito, quanto denunciar a espetacularização das cidades, como o fizeram, entre tantos outros, Debord e os situacionistas, dos quais Bailly esteve intelectualmente próximo justamente entre maio de 1968 e a guerra do Vietnã, quando seu percurso ganha ainda outra movimentação, de natureza claramente filosófica e epistemológica.

Nesse sentido, a publicação de seu primeiro livro, *La légende dispersée – une antologie du romantisme allemand* (1976), já apontava para uma intuição e um esforço intelectual que Bailly vinha sustentando desde então. Nesse caso, isso significa retrançar os fios de um aprendizado da arquitetura, dos dispositivos construídos de modo geral e, portanto, das formas da cidade de maneira ainda mais ampla do que sua instrumentalização em termos de classe e poder.

Longe de descurar das contribuições das implicações biopolíticas que Foucault ou Deleuze desenvolveriam e denunciariam ao longo dos anos 1970 em relação às práticas de constrangimento que a arquitetura alcança, Bailly, ao contrário, reivindica essas marcas em seu pensamento. Trata-se, no entanto, de examinar, sobretudo, a materialidade da cidade, não apenas pelo controle que exerce, mas também pelo seu avesso, rebaixando a positividade e a determinação do gesto de construir, recolocando-o no meio de sua dimensão pública.

Assim, os ensaios de *A frase urbana* denunciam aquelas práticas mas, em contraponto, observam também a construção na cidade, da cidade e com a cidade a partir de uma visada que considera essa materialidade cultural e antropologicamente. Isto é, que relaciona a fixidez e o contorno concreto da matéria a suas relações moventes com as práticas sociais em sua diversidade e com os sentidos que lhe são atribuídos, situadamente, de experiência em experiência à medida que se acumula a poeira do mundo.

Bailly examina, portanto, como os dispositivos construídos que se amontoam e se depositam na cidade – as ruínas materiais mas também as memórias e escombros de lógicas e de histórias de que somos feitos – afetam os sentidos, especialmente naquilo que conseguem também propor como espaços compartilhados, públicos e comuns aos corpos. Isso significa dizer que examina as formas da cidade naquilo que, genericamente, em seu fraseado construído e político, manifestam, por toda parte, quase invisíveis e em latência, de suas memórias e projetos, dos vestígios de suas linhas de fuga, das possibilidades de emancipação e de interação social. Enfim, naquilo que manifestam da intensificação que podem também promover nos entrelaçamentos de corpos e de sobrevivência de suas lutas por uma cidadania expandida e de uma utopia recolocada no cotidiano.

Curiosamente, Bailly talvez retome o projeto antigo que o próprio Foucault intuíra quando, em dezembro de 1966, expôs em dois programas de rádio, *Heterotopias* e *Utopia do corpo*, o esboço de suas reflexões em andamento sobre os dispositivos construídos e o corpo, insistindo em pensar sobre os lugares de existência cotidianos e postulando que todos os lugares da cidade – projetados ou não – são agenciamentos espaciais nunca neutros.

Desfila em sua voz, transcrita bem mais tarde, sua atenção a estacionamentos, cinemas, teatros, bibliotecas, museus, cemitérios. Aos lugares de passagem, como ruas, trens, metrôs, escadas e degraus ou a lugares de pausa temporária como bares, cafés, restaurantes. Seu olhar é vasto, abarca também lugares de repouso como as casas ou os asilos e, ainda, lugares que embaralham tempos, que os negam, que os suspendem, que são como espaços que resistem a outros espaços, numa luta surda e silenciosa que se trava na cidade em sua própria materialidade.

Foucault não levaria à frente esse programa mais geral que, de resto, permanece atual, como se disse, e não apenas para especialistas na medida em que qualquer cidadão constrói e reconstrói a si e a cidade em permanência. Como se sabe, diante de um funcionalismo naturalizado e tecnocrático, o filósofo acabaria se dedicando a alguns destes dispositivos, como as prisões e as escolas, entendendo-os como lugares de "experiências-limites" – de sujeição e contração do corpo. Abriu, entretanto, um campo de investigação arqueológica sobre as relações, inclusive de sujeição e de poder, que constituíram o homem como objeto do conhecimento a partir do fechamento do corpo em si mesmo como contorno, forma e uma certa ideia de sujeito.

É essa dupla frente em seu ensimesmamento que Bailly enfrenta teórica e existencialmente em suas múltiplas atividades e em sua paixão em fazer existirem as coisas. Mas ele salta em direção a outros passados, a outros vestígios sem abandonar Apollinaire, que o levou a se dedicar à literatura, e Walter Benjamin, autor que ele nunca preteriu e que o ajudou a entender que não se estuda o passado para narrar o que ele foi, ou teria sido – já de saída tarefa impossível –, mas os sonhos e esperanças que, percebidos como imagens e vestígios, permanecem como atualidade no presente.

Coisa rara e necessária de ambos os lados do meio intelectual franco-alemão, Bailly é um germanófilo e talvez seja com Benjamim que ele continue a realimentar seus interesses de juventude, retomando desvios abandonados, silenciados, perdidos e ainda mais pretéritos e radicais.

Em uma entrevista em maio de 2020, Bailly explicita seu esforço em "criar ou fundar uma tradição filosófica a partir do romantismo alemão e que atravessaria os séculos XIX e XX, produzindo e permitindo uma certa legibilidade do moderno". É esse interesse que o leva a escrever a frase de *A frase urbana* e que já o levara a criar, nos anos 1980, com Philippe Lacoue-Labarthe e Michel Deutsch, a coleção *Détroits* (editora Christian Bourgois) e a publicar dezenas de traduções em francês de autores da cultura alemã. E é aqui que se abre uma outra camada que a leitura de Bailly promove.

Certamente, sua proposta parte de considerações de natureza política e de poder, mas ele as articula diferentemente e sublinha discussões epistemológicas que vêm ganhando ainda maior evidência crítica em relação à própria centralidade que a noção de corpo e o antropocentrismo passaram a ocupar na tradição filosófica ocidental dominante. Em seus livros mais recentes, as marcas do romantismo alemão e sobre o *Umwelt* são ainda mais francas, voltando seu interesse para o mundo da biologia do filósofo Georges Canguilhem, professor também de Foucault, e para o mundo animal e as formas do vivente.

As páginas do ensaio "A dicção da arquitetura" marcam com toda clareza momentos desse desvio e dessa trilha sempre desviante que o autor segue a partir de escritores e poetas do romantismo alemão e da filosofia da natureza. Essa atitude intelectual não é indiferente a uma perspectiva "americana", inclusive e, sobretudo, brasileira, entendendo-a não como uma geografia, mas como uma forma de sensibilidade ali onde até há pouco tempo ainda se podia constatar a força de uma certa sinonímia entre pensar e viver. Essa trilha não esqueceu que outras maneiras de viver não somente existiram, como comenta o autor, mas ainda existem sobre a terra, e bem perto, embora à margem de nossas metrópoles.

Bailly resume por exemplo: "Tão longe quanto possamos remontar no passado humano, e poderíamos ir ainda mais longe, do lado dos animais, a vida jamais se espalha como água derramada, mas seguindo pistas, criando sinais, segundo uma lógica de territórios lentamente aprendida e transmitida: para os seres vivos, o espaço não é jamais um puro e simples continente, ou uma pura e simples extensão, ele é sempre uma relação, uma memória, um campo de tensões e de desvios, são encontros, marcas, rastros, traçados. Somente mais tarde chegam para o homem a casa, a aldeia, depois a cidade que, todas, se inscrevem nesse campo como tensores, balizas, operadores de intensidade."

Na verdade, é no confronto entre as reflexões que Bailly faz hoje e as daqueles que o precederam que se pode avaliar, em negativo, o quanto, em cinquenta anos, a própria arquitetura e o urbanismo, como campo disciplinares, têm se afastado de tantas operações críticas que o autor insiste em atualizar, ampliando a questão epistemológica que atravessa os próprios insumos foucaultianos e deleuzianos, discutindo seus limites, suas fronteiras, trabalhando interstícios, bordas, destruindo-as, corroendo-as por dentro.

Pode-se perguntar aos arquitetos e urbanistas quantos pensam, quando concebem suas plantas, sobre as experiências de vida que proporcionam ao colocar uma parede aqui, uma fileira de árvores ali e as aberturas ou os muros cegos dos térreos? Quantos se perguntam sobre a altura dos pés-direitos e os sentimentos de compressão ou expansão que pode proporcionar uma laje? Quantos se interrogam sobre o que significa prever andares-tipo e plantas-tipo com salas, quartos, cozinhas e áreas de serviço, seja em condomínios privados, seja quando reconvertem antigos edifícios visando mitigar as carências de abrigos dignos?

Não, *A frase urbana* não é obra para especialistas. Ainda que abra para estes grandes frestas, o convite de Bailly é mais generoso e para cada um, para o citadino, para o cidadão que somos todos nós que construímos a cidade como experiência partilhada. Ler a cidade significa reconhecer essa amplitude em sua diversidade e deixar-se impregnar por suas manifestações e relações que, inclusive, a ultrapassam. Entregar-se a elas, reconhecer seus enigmas, interessar-se pelos mistérios dessas relações transversais, sabendo, contudo, que a cidade e o meio ambiente que a cercam já fabricam outras em sua tangibilidade e invisibilidade. Ocorre que não sabemos fazê-lo, entre outras coisas porque os nossos próprios sentidos estão adormecidos. No Brasil, por exemplo, a cidade parece não nos intrigar, não nos estimular, não nos acolher nem cuidar de nós, parece não nos permitir, o mais das vezes, sentir essa multiplicidade e sequer percorrê-la com as nossas próprias pernas, como encoraja o ensaio "A gramática gerativa das pernas".

Ora, *A frase urbana* é uma verdadeira iniciação à construção de um olhar mais atento às formas da cidade, aos seus ritmos, ao respeito de inúmeras práticas culturais que poderiam também nos instruir mas que nem se veem. E embora a construção deste livro seja, portanto, um convite a uma rebelião em relação à nossa própria ignorância e sua construção teórica seja sofisticada, Jean-Christophe Bailly nos fala com uma linguagem direta, simples e em muitas páginas cheia de poesia. Fala como herdeiro que é de Schiller e de uma ideia de formação dos indivíduos em que ética e estética são dimensões indissociáveis. Narra de modo que, entrelaçados, corpo e cidade, carne e pedra, o político e o material mantenham sua reverberação contínua.

Talvez a primeira lição que o autor nos ensina ou nos ajuda a lembrar seja a de que nem toda construção é arquitetura. Contudo, a arquitetura pode estar em toda parte onde se observam entrelaçamentos com a vida e o vivente e, portanto, nada tem a ver, necessariamente, com luxo, com grandes dimensões construídas ou com materiais, mas com essa capacidade.

Descrevendo uma visita a uma vila operária do século XIX, Bailly nos esclarece que para ele, ali, essa erupção dos sentidos em relação à manutenção da vida e do sonho naquele pequeno fragmento de cidade se deram não diante de modelos, mas de "sua grama baixa, suas pequenas cercas, seus muros escurecidos". Os vestígios arquitetônicos na vila operária começaram a mostrar-se não como um pedaço de uma história industrial antiga, mas como uma realidade outra, "não como algo tangível, eficaz, realista, mas como algo frágil e aberto". Bailly se deu conta de que poderia olhá-la não como ela havia sido quando se exibia poderosa como espaço de trabalho ritmado pela lógica do capital e do progresso, mas como ela poderia ou gostaria de ter sido. Ele descobriu que, secretamente, a vila operária havia guardado fragilmente a ideia de utopia não como um quadro na parede, mas como a fraca pulsação de um projeto.

A arquitetura é antes de tudo uma forma de agenciamento de relações entre o que cada um – como potência, desejo, memória e sonho – expande e amalgama para além de sua própria forma vivente e interioriza como próprio. É nesse campo de explorações, entre afinidades e contrastes, que repousa, contudo, um aspecto fantasmático que, como sublinha esta obra, é tanto a fabricação subjetiva da cidade quanto a de si.

Autor de mais de uma vintena de livros, alguns premiados como *Le Depaysement – Voyages en France* (2011), o percurso de Bailly é marcado, antes de tudo, pela arte e pela visualidade. O que significa dizer um campo tomado pela imagem no que ela significa de espectros, perdas, abismos, mas também de expectação.

Da pintura à fotografia, e destas à literatura, ele vem percorrendo, assim, o difícil caminho que leva da imagem ao discurso textual e deste aos conceitos, e vice-versa, na busca da centelha – ou, melhor dizendo, da frase – que, suspendendo a narrativa e sua ideia de real, de representação, de ideal ou de modelo, ative no leitor-aprendiz um pensamento por imagens.

Nesse estado de estranheza e suspensão parece ser possível que a própria paisagem cotidiana da cidade, natural ou construída, torne-se um vazio – desnaturalizando cada elemento que a conforma – e que também o próprio leitor, citadino ou cidadão, tomando distância de si próprio, volte a pensar-se já como ruína e como sua própria memória e ato no presente.

É somente nessa condição de descolamento de um real tido como estável e imóvel – como Bailly argumenta no ensaio "Utopia Povera", que integra esta obra, ou em outros de seus textos, como aqueles inspirados em Rimbaud – que se pode tanto imaginar uma forma de pensar a utopia como projeção aberta do presente quanto selar as possibilidades de fusão do citadino com os fragmentos de sua cidade singular e plural. Sejam eles ínfimos, grandiosos ou banais, é com os vestígios e acúmulos de sua própria experiência errante de mundos que cada um delineia, momentaneamente, um espaço de existência comum.

Parece ser essa imersão que a frase poética, a frase urbana, e seu fraseado – isto é, as suas modulações de tom e de ritmo –, pode suscitar, o que permeia os focos de interesse do autor. Sua escrita apela para esse estado ou essa condição de trânsito, de transe e de passeio, que o flanar ou o colocar-se na posição de errante pouco a pouco provocam.

Escritor prolífico, tendo dedicado a Rimbaud um livro, outro a Duchamp, outro ainda aos retratos dos sarcófagos de Fayoum, e prefácios e textos mais breves em catálogos de Miró ou Kurt Schwitters, às atividades agrícolas ou aos animais, Bailly é surpreendente e fascinante em sua capacidade incessante de buscar mundos sensíveis e comuns.

Esse seu impulso polimorfo é muitas vezes pouco compreendido, mas é a partir dos vestígios que o primeiro romantismo alemão deixou e que o realimentam teoricamente que Bailly considera e se dá a tudo aquilo que o interpela e que continua a afetá-lo: a arquitetura, a cidade, a paisagem, o humano, os animais, as imagens, a fotografia, a luz, as interações, as fusões, as distâncias. Essa forma de conhecer aberta, feita mais de dúvidas que de busca de soluções, que parece desde cedo movê-lo, delineando sua vasta e subversiva escuta do mundo, rejeita uma visão positivista, funcionalista, causal, linear e classificatória de pensar o conhecimento.

Em *A frase urbana*, a dimensão poética é cotidiana, está nas ruas, nos jardins, nos parques, nas telhas, nas cores, na luz, no vento que sopra, na penumbra das alamedas, nos letreiros em chinês dos restaurantes dos subúrbios, ao longo de estradas ou rodovias. A poesia está onde o olhar se descobre inquieto e é presença partícipe da vida no presente.

Essa presença que é possibilidade de continuidade infinita e de poesia alargada emana de Novalis e atravessa a visão política e sobretudo ética de Bailly, que guarda sempre ainda dos surrealistas – de André Breton e Benjamin Péret, a quem dedicou textos – ou de Georges Bataille, de Georges Perec e de sua militância, uma experiência do social que é sempre direta, imediata.

Como Jean-Christophe Bailly, linha após linha, vai nos chamando atenção em relação às suas próprias experiências, a observação do dizer da cidade, de seu fraseado, exige corpos que guardem sua capacidade de olhar, escutar e sentir. Capazes de se perguntar qual é sua parte em um mundo que se transforma e de se dar conta também da constante mutação que se vive a cada dia.

Contudo, como o autor também nos lembra, essa operação de leitura das cidades é construída e desconstruída de maneira incerta e a partir de percepções e cruzamentos entre formas díspares e que jamais devem ser enganosamente consideradas apenas em seu contorno material e visível. O que quer dizer que a própria ideia de "forma" e quiçá a de "corpo" devem ceder lugar a um outro vocabulário que terá que ser construído para que se possa falar dos traslados, das múltiplas transmutações que se intuem como problema.

Sim. Frases, fraseados, termos, o que eram meras expressões também não são neutras diante de proposta de outros exercícios de se pensar, conhecer e narrar. Os quase vinte ensaios de Bailly escritos em momentos diversos exigem em um *crescendo* que acompanhemos até as últimas consequências sua proposta de suspensão dos sentidos para encontrar outros nexos e outras palavras e linguagens. Como se disse, trata-se de um livro iniciático.

Mesmo que reduzamos as "formas da cidade" apenas ao campo político, social, cultural ou material, elas são de natureza e temporalidade jamais homogêneas e perpassadas por afirmações, denegações, mortes, declinações, choques e associações que não só jamais estão acabados, mas que jamais são absolutamente sincrônicos, permanecendo em contínuo entrelaçamento, pulsação, deslocamento, movimento.

Fugindo de uma certa forma de olhar que pouco enxerga, e da tirania da ideia que nos últimos duzentos anos associa, imediatamente, o que se vê à ilusão de verdade de um espelho, talvez pudéssemos lembrar que as cidades não são propriamente um lugar nem um espaço circunscrito de relações plenamente inteligíveis.

Afinal, quantas experiências de cidade – literárias, concretas, feitas de imagens – nos habitam? Quantas cidades em cada olhar, em cada corpo, se fundem, se separam, permanecem submersas ou irrompem do fundo das nossas memórias, de repente, instigadas por uma afetação cuja origem, às vezes, nem sequer sabemos identificar? A cidade é sempre opaca, misteriosa, plural e fugidia, para além de seus ícones.

Mas aquele que escreve e busca essa exploração do enigma que chamamos "cidade", também ele, tem seu lado secreto. O leitor que descobre Bailly, talvez de começo pense que se vê diante de um parisiense que nos fala de sua cidade natal, de suas ruas, dos seus arredores, de seus subúrbios. Ele também o faz. Mas a escrita do autor é tão visual, isto é, trata-se de um pensamento em movimentos tão fluidos, mas também tão concretos naquilo que nos diz da materialidade das cidades, que, incitando a imaginação do próprio leitor, transporta-o para um mundo outro, às vezes imenso, para trazê-lo de volta para dentro do que conhece ou para deslocá-lo.

Os nexos que vai tecendo lentamente ou que nos apresenta de chofre em *A frase urbana* são às vezes tão inusuais que, mesmo quando se fala de Arcueil ou de Vanves, sua *Grande Paris* é como uma viagem ao "centro da terra", ali onde a palavra e as imagens imaginadas nos levam, em estado de pausa, ao limiar de espaços e tempos que se fundem.

Provocativamente, talvez pudéssemos dizer que Bailly seja um nômade que, *depaysé*, atravessa sua França e outros mundos, filho de diásporas e amálgamas silenciosos. Um contador de histórias que nos faz viajar, às vezes em um parágrafo, de uma paisagem a outra, encurtando distâncias, borrando-as, levando-nos em poucas linhas do Brooklin aos ianomâmis e destes à milenar Çatal Höyük. Alguns ensaios evocam as ruas de sua Paris e seus arredores e nos contam dos seus subúrbios, marcados a ferro e fogo, como nossas grandes metrópoles, por um pensamento funcionalista. E de repente, lendo Paris, estamos em um ponto qualquer de Belém, Salvador, Rio, Recife ou Porto Alegre – para falarmos apenas de algumas de nossas cidades que cresceram de forma lenta ou onde ainda conseguimos percorrer a pé algumas de suas ruas.

Sabemos todos que a cidade é sempre "a cidade de alguém" e, no entanto, "a cidade é experiência compartilhada". Nesse sentido, o que a define parece ser esse exercício tenso entre diversidade e unicidade, exigindo, assim, atualizações a cada encontro que se abre para o dissemelhante; a cada percurso em que se depara com o novo; a cada descoberta que se faz do que já estava ali a cada dia em que o mesmo parece voltar à tona, sempre igual, de outra maneira.

Nesse desafio que nos coloca a cidade – no que significa como forma de vida social e coletiva, como construção material e forças, como vestígios, direções e linhas de fuga e de fusão com as potências invisíveis que nos cercam –, há, assim, uma espécie de chamamento rumo a um estado ambíguo de alerta e entrega, de doação e fruição aleatórias feitas ainda de partes de intencionalidade, investimento, acaso, conquista e rendição, passageiras, violentas ou lúdicas.

A experiência citadina opõe uma certa resistência às análises facilitadoras: as relações entre sua materialidade e as formas de sociabilidade que desenvolve ou fomenta, os seus modos de pensar o tempo e os espaços que articula ou fratura, os seus processos de arranjos, acomodações, hegemonias e segregação das forças que ela subjuga, mantém em latência e que ao mesmo tempo a sustentam. Avessa a descrições e definições, a cidade é território fugidio e objeto teórico de impossível fixação e de conceitualização sempre ardilosa.

É certo que afirmações peremptórias como essas são sempre perigosas e exigem reservas. Contudo, são esses sentimentos que afloram à leitura de *A frase urbana* de Jean Christophe Bailly, a começar sobretudo pelo título, por meio do qual o autor nos lembra que a cidade se diz, nos fala, pode nos falar.

Páginas após páginas somos guiados pela sua escrita direta e clara nos labirintos da experiência citadina e urbana e que foge das grandes narrativas, nos fazendo mergulhar no rés do chão da vida social, do gesto de construir juntos, da potência e da impotência da arquitetura. Relembramos que as vozes da cidade, em sua opacidade, impregnam a dicção de suas arquiteturas e de seus dispositivos construídos. Insuflados pelos ecos das cidades do autor que atravessam as nossas próprias, repensamos os relatos que atravessam os nossos cotidianos e as fábulas que constroem os nossos sonhos coletivos e ideias de porvir. Percebemos no que suas frases deixam entrever a parte de excesso, de desmoronamento das coisas ou os recuos que se flexionam em sua linguagem.

Curiosamente, Julien Gracq e Georges Perec foram os autores que vieram à mente quando começamos a folhear o livro de Bailly e com eles nos pusemos a pensar na longa tradição de escritores franceses que, desde Victor Hugo, Baudelaire ou Zola, dedicaram textos e reflexões à cidade e ao seu significado como espaço da vida em comum, e no modo como, desde Platão e Aristóteles, a filosofia se associa à narração, à história e à memória das cidades.

Ainda que incomparáveis e diametralmente opostos como forma e foco de narração sobre a cidade, os textos de Perec e Gracq circularam no período em que Jean-Christophe Bailly começou a desejar fazer existir uma certa visão de cidade, outra, em seu projeto meditativo, cotidiano e político de conhecimento. Ambos enfatizaram a subjetividade em suas abordagens, até mesmo de modo autobiográfico, como Bailly, mas cada qual buscando universalizar o que é visto, narrado. São também autores extremamente atentos aos dispositivos construídos, às relações das coisas entre elas, entre os "corpos" tangíveis e imateriais – dos homens, da matéria e dos fluxos perceptíveis –, acentuando sua instabilidade e diversidade presentes ou seu passado perdido, seu desaparecimento.

Perec falou de Paris, Gracq, de Nantes. Bailly fala como um *cosmopolita* – não no sentido de classe ou no de um indivíduo "viajado", significados que o termo adquiriu e que estão muito distantes do modo como pensaram o círculo de Kant e, mais tarde, os Humboldt, na época em que o conceito foi cunhado e a palavra foi inventada. Para estes, cosmopolita designava um novo perfil social e político ou alguém que se sentia como habitante do próprio cosmos, como nos mostra a célebre tela de Caspar David Friedrich sobre a qual Bailly escreveu.

Embora ali não se veja nenhuma cidade, é dela a presença fantasmática que enche a tela em sua ausência, e é a partir dessa imagem de pensamento forte que Jean-Christophe Bailly fala da cidade, de todas as cidades, como que mergulhado no cosmos, seja quando designa uma cidade precisa – Paris ou Cartagena –, seja quando, comparando cidades entre elas, promove uma dissolução de seus traços para de novo reuni-los numa outra configuração, refundidas, transformadas.

Talvez pudéssemos dizer, em resumo, que o escritor fala a "cidade" como um singular, plural – como o são os substantivos coletivos. E talvez o próprio termo nada mais seja do que uma dobra do ser da cidade e uma metáfora de si própria e da inconceitualização que a permeia e habita. Múltipla, enigmática e incapturável em uma única imagem de pensamento, ela parece ser apenas, como diria Bailly, uma forma de condensação da vida, ou, como acrescentaríamos mais uma vez, um território fluido e fugidio.

MARGARETH DA SILVA PEREIRA
Professora titular da Faculdade de
Arquitetura e Urbanismo da Universidade
Federal do Rio de Janeiro (FAU/UFRJ).

INTRODUÇÃO

Em 1992 e, mais tarde, em 2001, eu já havia reunido em livro um certo número de textos sobre a cidade, o urbanismo e a arquitetura. As duas edições eram diferentes uma da outra.[1] Entre elas algo havia mudado, e a forma do livro imitava a evolução constante da cidade ("mais rápido, infelizmente...").[2] Com este novo livro, a mudança é ainda mais flagrante, ela é tão grande que senti a necessidade de modificar também o título, passando então de *La Ville à l'œuvre* [*A cidade em ação*] para *A frase urbana*. Apenas metade desta nova coletânea é composta de textos presentes numa ou noutra edição (ou em ambas) de *La Ville à l'œuvre*. A outra metade, inédita em livro, retoma textos escritos ao longo dos últimos dez anos.

Desse modo, os textos aqui reunidos, do mais antigo ("A gramática gerativa das pernas") ao mais recente ("Por uma arquitetura reintegrada"), cobrem um período de trinta anos. Sua origem e sua natureza podem ser bastante diferentes, oscilando entre formas de escrita mais fluentes e tentativas de definição e passando da intervenção pública ou crítica à simples caracterização, ou até mesmo à notação e ao devaneio. Seu denominador comum é a cidade, ou melhor, aquilo que deveríamos chamar de efeito cidade: o que a cidade faz e o que faz a cidade – mas também o que a desfaz. A própria forma do livro – um ensaio convertido em arquipélago – o priva de qualquer pretensão ao tratado, e não é, de maneira alguma, a uma imagem da cidade que ele tenta chegar: ao contrário, a difração é permanente, e, mais do que isso, seria grande a tentação de deixar formar-se uma imagem caleidoscópica ou, mais dinamicamente, uma série de planos alternando tomadas panorâmicas com sequências furtivas. É, aliás, por uma questão de montagem que a ordem cronológica não foi, afinal de contas, integralmente conservada.

A cidade aparece hoje, em escala mundial, como um quebra-cabeça cujas peças não necessariamente se encaixam – e seria inútil esperar que elas pudessem, todas juntas, configurar uma imagem mais ou menos estável. No entanto, em meio a essa desordem ou a esse deslocamento contínuo, o que subsiste é muito mais que um fantasma. As cidades escrevem hoje frases diferentes daquelas do tempo de sua constituição e de seu aparecimento, alguma outra coisa que não a forma-labirinto ou o alongamento prosódico acontece nelas ou em torno delas, e é isso que se impõe a quem quer que comece a divagar um pouco pelo mundo, mas é também o que deve ser interrogado: quais são as frases urbanas que se escrevem hoje? Qual é ou deveria ser sua sintaxe? Será que somos capazes de lê-las?

Essas perguntas se mantêm no livro como fios condutores e desencadeiam, em seu movimento, a relação tensa, com frequência opaca e por vezes quase hostil, da cidade com a arquitetura. Ali onde imaginaríamos espontaneamente um acorde quase musical (qualquer que fosse sua tonalidade), assistimos mais a uma diferença – a cidade se propagando segundo uma lógica aglutinante não controlada ao mesmo tempo que a arquitetura se encanta com o controle de objetos indiferentes, considerados como puros implantes. Sem dúvida, nem tudo se reduz a uma diferença tão extrema – inclusive, o mais interessante é justamente tudo o que ocorre de outra maneira, tudo o que tende a fazer coincidirem a arquitetura e a cidade, numa troca sábia e bricolada.

Entretanto, será raro encontrar nestas páginas avaliações ou juízos. Não se trata de um livro de crítica arquitetônica. Nem, aliás, de um manual, o passeio não precisa ser ensinado. Acontece que, familiarizado desde a infância com canteiros de obra (meu pai era empreiteiro), sempre dei às formas e às matérias do construído, como passante e como viajante, uma atenção especial, e todas as colorações de um pensamento político fundado na ideia de uma outra vida possível sempre tomaram, para mim, de maneira quase espontânea, a forma de um sonho de arquitetura. Mesmo tendo ensinado durante quinze anos História da Paisagem na Escola Nacional Superior da Natureza e da Paisagem de Blois, não tenho, na verdade, outra formação que não a dos passeios descontínuos, deslumbrados ou extenuantes pelas cidades das quais coleciono os mapas e os nomes – passeios dos quais não me canso e dos quais este livro deriva.

A todos aqueles – numerosos demais para serem citados – que estiveram na origem dos textos aqui reproduzidos, seja porque os encomendaram, seja porque lhes forneceram materiais ou adensaram o conteúdo por meio de conversas e da amizade, deixo o meu agradecimento.

NOTAS

1 Pelas editoras Jacques Bertoin e L'Imprimeur, respectivamente.

2 Alusão aos versos famosos do poema *O cisne*, de Charles Baudelaire: "A velha Paris não existe mais (a forma de uma cidade/ Muda mais rápido, infelizmente, do que o coração de um mortal". (N.T.)

DESAFIO

Desafio (*Enjeu*) foi apresentado, com o título de "*À propos de la politique de la ville*", no encontro "*Rendez-vous de l'architecture*" (1997).

A cidade: por detrás do uso genérico desse nome sempre se perfila mais ou menos, queira-se ou não, o fantasma de um ideal perdido, sem dúvida imaginário, mas que todo gesto de fundação tende a relançar. A cidade grega, fundadora da democracia, da *ideia* de democracia; ou a cidade medieval que, maquete de si mesma, podia caber na palma da mão, oferecida ao Deus onipresente cujo templo ela acomodava em seu seio; ou ainda a cidade clássica, na medida em que foi paraíso e paradigma da autorrepresentação; ou também a cidade-caravana, o oásis, a medina, a cidade imperial com seu plano em grelha do Extremo Oriente antigo... Em todos os casos, com ou sem muralhas, segundo seus traços distintos e com os conflitos que as trabalhavam ou que, por vezes, as arruinavam, tais cidades podiam ser ditas "a cidade", isto é, uma entidade, uma pontualidade, isto é, um corpo, isto é, um limite, isto é, enfim, para nós, desde então, uma lenda.

Pois a primeira coisa que se pode dizer da cidade contemporânea, da cidade tal como vive e se desenvolve sob nossos olhos, é que ela não é assim, que ela não é mais uma unidade integralmente composta, que ela não é mais um corpo que sente e percebe seu limite. Empenhado desde a revolução industrial, esse movimento de ilimitação e de apagamento das bordas, acelerado a partir da Segunda Guerra Mundial, assumiu a forma (se é que é uma forma – e aí está toda a questão) de uma fuga para a frente.

Ao estender incessantemente seu domínio, até mesmo para além de si mesma através das vias e dos acessos que a ligam a outras cidades, a cidade acabou, e isso não é novidade para ninguém, por se perder, tal como nos perderíamos num bosque que nós mesmos plantamos. Os contratos e o sistema de inclusão/exclusão que a formaram se decompuseram – o que não quer dizer que esses antigos contratos ou sistemas fossem bons –, agora tudo se passa como se não houvesse mais contrato algum.

Essa paisagem abandonada – pois trata-se de uma paisagem – é a nossa paisagem. De qualquer maneira, e qualquer que seja a escala de abordagem, ela se impõe como uma massa compósita de traços pouco nítidos e de alcance incerto. Por mais que ela tenha sido programada, descrita, apreendida, tudo se passa como se às grandes setas dos planos diretores ela respondesse com a multidão de setas de um jogo de caça ao tesouro retalhado e inapreensível.

Se a cidade continua a ser um corpo em seu coração – em seu centro –, ela tem, desde então, braços bem longos, bem soltos, que a exaurem, como próteses que fingem se mexer, sem conseguir agarrar sua matéria.

É inútil aqui relativizar ou, como se diz, separar o joio do trigo, pois essa extenuação do corpo da cidade, a despeito de uma avançada arte da maquiagem, é um fenômeno generalizado. Desde então, a "política da cidade", inaugurada para responder a essa fadiga ou a essa crise, deve perceber que a ela só resta ser parte de um canteiro de obras global, um tanto assustador por suas dimensões, em todo caso mais vasto (e mais fascinante) que a soma de todas as "grandes obras" reunidas. Um canteiro que deve levar em conta a totalidade da paisagem atualizada, isto é, o centro, a periferia, os espaços intermediários, tanto o passado quanto o presente, tanto o que parece ir bem quanto o que não funciona: num único quadro, o bom e o mau governo misturados, para retomar, a partir de seu fundo aristotélico, a oposição magnificada pelos afrescos de Ambrogio Lorenzetti em Siena.

Desse misto de forma e informe, de antigo e novo, de protegido e abandonado, parece natural querer fazer novamente um corpo, um corpo que tenha a sensação de ser um corpo em cada uma de suas partes. Slogans e metáforas são aqui abundantes, no suave mundo da boa vontade: urdidura do laço social, cidadania ativa, compartilhamento, serviços, espaço público qualificado e harmônico, todos estão de acordo quanto aos objetivos rumo aos quais é preciso tender.

Porém, quanto mais se estende a clareza de um "devemos fazer" ou de um "deveríamos fazer", mais persiste e se estende a opacidade de um "não deveríamos ter feito", ao passo que, ao lado de sinceros questionamentos e contestações *a posteriori*, prossegue o trabalho sujo do "de qualquer jeito" e da especulação.

Face a esse canteiro de obras problemático, que mal se abriu, a situação da arquitetura não é simples, uma vez que está ao mesmo tempo do lado dos acusados e na origem das acusações, uma vez que a ela atribuímos todos os males ao mesmo tempo que lhe sugerimos que seja o grande remédio.

O que nos salta aos olhos é que há, continuamente, uma distância entre a arquitetura que conta (a si mesma) a sua própria história, com suas grandes obras e suas grandes rupturas, e a cidade que, paralelamente, perde a sua. O que se apresenta hoje para nós numa distorção trágica – a oposição entre os grandes projetos dispendiosos e a deriva das *cités*[1] (com esse nome tão paradoxal) – está ligado a uma fratura tão antiga quanto a própria arquitetura: diante dos palácios suntuosos sempre houve casebres cujos telhados desmoronavam. Mas isso não justifica nada, não implica fatalidade alguma. Se tivermos que falar da cidade, da cidade inteira, só conseguiremos elaborar um diagnóstico inquieto. Se tivermos que falar da arte da arquitetura, da arquitetura como arte, não teremos, em compensação, dificuldade alguma de nos consolarmos produzindo uma lista, mais ou menos longa segundo os juízos, de edifícios belos e interessantes construídos recentemente.

A constatação é simples: o encontro entre a arte da arquitetura e a cidade se efetua com demasiada raridade. Ficamos restritos, em muito aspectos e, sobretudo, na França, a uma lógica do monumento indexada a uma infraestrutura exibicionista, a uma ordem simbólica em que a política das "grandes obras" foi ditada pela orquestração estrondosa. Ora, é disso que devemos nos desvencilhar, a meu ver. Devemos substituir a ideologia dos grandes canteiros de obra e o faraonismo republicano por um trabalho constante, contínuo e diverso, por milhares de obras e de canteiros de todos os tamanhos. Não se trata, como poderíamos pensar, de uma perda de ambição, mas, ao contrário, de uma ambição maior e que teria o sentido de uma incitação a pensar a cidade e a fazê-la, assim como o de um desenvolvimento de arquitetura sem precedentes.

Esse "canteiro enorme", se podemos chamá-lo assim, com o risco de nos submetermos ironicamente a uma retórica que esperamos estar caduca, não deve ser representado como uma extensão pura e simples do empreendimento urbano, mas como um trabalho de retomada. Não é o modelo do crescimento que convém hoje à cidade, é o modelo da cura, o da preocupação que cuida: ao que se asfixia damos ar, ao que cai proporcionamos apoio, ao que se desfaz oferecemos enquadramento e amarras.

Não existe nenhuma solução mágica, mas entre o inventário das faltas e uma tipologia fina e detalhada das plenitudes existem passarelas que basta estender. Não se trata de uma tipologia ideal mais ou menos calcada na imagem patrimonial dos centros antigos, nem de uma panóplia de elementos formadores prontos para funcionar, e sim de um trabalho a ser feito a partir do existente, tal como ele é, com sua vitalidade e com sua aflição. Uma reviravolta como essa no método de abordagem implica o movimento mais difícil, que é o de amar o existente, de amá-lo para além de qualquer postura de compaixão, não pelo que ele é ou porque ele é, mas pelo que ele abre, que é esse canteiro de que estou falando.

Refazer corpo ali onde só houve próteses, fazer surgir tecido ali onde as malhas foram inexistentes ou se afrouxaram, destruir progressivamente os efeitos perversos do zoneamento por meio de enclaves e de enxertos, intensificar as ligações entre as diferentes partes do corpo urbano, tudo isso constitui um único e mesmo movimento de retomada, que se decide e se declina numa infinidade de intervenções e de escalas. Esse movimento não é nem um trabalho de imitação nem uma exportação dos efeitos de centro em direção à periferia, ele deve ter o sentido e a virtude de uma invenção que se infiltra naquilo que existe para convertê-lo e desafiá-lo. Somente sob essa condição poderão tornar-se efetivas aquela espécie de policentralidade ou aquela rede esticada de subúrbios que se desenham como a perspectiva vital das cidades de amanhã.

Devemos representar para nós mesmos a violência dessa mutação, em outros termos, todos os obstáculos políticos, sociais, jurídicos, administrativos que ela tem que superar, todos os estoques de inércia e as feudalidades que ela tem que enfrentar.

Com os ouvidos cansados pelos amanhãs que cantam e cantaram tão desafinados, não podemos encarar a atmosfera desse grande canteiro no clima dos "construtores", que foi o da ideologia do progresso em todas as suas formas, burguesa ou proletária, radiante ou disciplinada. Em compensação, podemos facilmente imaginar o desafio que esse movimento de reinvenção constituiria para a própria arquitetura, na medida em que é uma arte e, entre as artes, aquela que estende ao máximo e de maneira quase tátil o prazer da variação.

A paisagem urbana atual é como uma pseudofrase formada de palavras frouxas e impróprias, de verbos não conjugados, de acordes que não estão feitos. Tudo se passa como se tivéssemos disposto, uns ao lado dos outros, infinitivos e substantivos, acrescentando aqui e ali alguns epítetos decorativos. Ora, a cidade é antes de tudo um fraseado, uma conjugação, um sistema fluido de declinações e de acordes. São essas frases e esse fraseado que temos que reencontrar: passar de uma linguagem estocada ou empilhada a uma linguagem falada, inventar a gramática gerativa do espaço urbano, essa é, parece-me, a tarefa que vem, feita de uma infinidade de pequenas, médias e até mesmo grandes flexões, sequências e achados. Numa palavra, uma poética. E numa outra, que é exatamente a mesma coisa desde os gregos, uma política.

NOTA

[1] O autor refere-se aqui às aglomerações e aos conjuntos residenciais que se situam, em geral, nos subúrbios das grandes cidades. Optamos, sempre que o sentido privilegiado for esse, por manter o termo em francês. (N.T.)

A GRAMÁTICA GERATIVA DAS PERNAS

A gramática gerativa das pernas
(*La grammaire générative de jambes*) foi
publicado no nº 2 da revista *Aléa* (1981).

Trastevere... Fleet Street... Fasanenstrasse... Ruelle de l'Esprit... Campo San Barnaba... Talcahuano... Canal Street... Vico Road... Impasse des Beaux Yeux... Plaza de Cibeles... Ulitsa Machkova... Rua do Alecrim... Omotesando... Rue de Pali-Kao... Rue du Soleil Levant... Brick Lane... Syntagma... Grand Passage... Passage Pommeraye... Kudan Kita... Catalans... Beauséjour... Abbaye de la Cambre... Pimlico... Euclid Avenue... Dorsoduro... Carouge... Rue des Enfants-Morts-Sans-Âmes... Drottninggatan... Vali Asr... Banchang Hutong... Lake Shore Drive... Via Chiaia... Philosophenweg... Via Laietana... Embarcadero...

O que há entre esses nomes? O que evoca tal lista, senão outros nomes e outras listas, sem fim, sob os passos e à luz das lamparinas?

São nomes em posição fixa, pausas, estações (um bonde furioso que vai de um extremo a outro do mundo, diapositivos no quarto de dormir, panoramas admirados de um mirante, florestas de sentidos experimentadas do interior), mas o trem, como se diz, balança: um grande trem de palavras passando por sobre os ruídos, os cheiros – caminhões, cortinas, cafés, objetos –, um andar que se vai, uma cabeça que rola...

Ao redor dos nomes de lugares, cidades de frases arrancadas em faixas como se o corpo urbano fosse uma grande múmia – cada um levando sua parte do tesouro, cada um aplicando sua grade de leitura aos hieróglifos do baú escancaradamente aberto...

Uma cidade é uma língua, um sotaque. Assim como lançamos palavras no ar com a voz, desdobramos nossos passos avançando no espaço e algo pouco a pouco se define e se enuncia. Os nomes tomam lugar no seio de uma frase ininterrupta que se vai ou retorna sobre os próprios passos. Gramática gerativa das pernas. Sim, o pensamento vem andando, longe dos homens encerrados em seu mundo, e Nietzsche estava certo ao injuriar Flaubert.[1] Sim, cada cidade é uma língua que aprendemos e falamos, uma língua em que enfrentamos incessantemente o jogo de um sentido livre e a redundância, os passantes e os edis, o indivíduo e a multidão.

Cidade = Língua. Trata-se de uma analogia conhecida e, como tal, bastante explorada. Proponho-me a voltar a explorá-la para capturar o ser a um só tempo idêntico e cambiante da cidade, esse extraordinário composto de estabilidade e de movência, de força gravitacional e de agitação aleatória, essa microgeografia de pontos dissonantes e de ecos silenciosos. A cidade: esta onde moro e onde nasci, aquelas que visitei e revisitei, aquelas que não conheço. Línguas faladas, portanto, e línguas desconhecidas, mas a cada vez, quaisquer que sejam o volume do léxico e a forma da sintaxe, uma língua – com seu caráter próprio, com a singularidade de seus afetos, e com tudo o que faz dela uma língua, um conjunto de signos em reserva na memória de um povo e que cada um articula, anima, *locuta*, oculta à sua maneira.

A princípio, haveria apenas uma espécie de rotina: a mera sobrevivência de uma língua, a mera "vida" de uma cidade, tudo o que se passa na esfera da reprodução social, na interação dos percursos habituais. Mas essa esfera já é em si uma ficção, uma central ficcional: o acidental e o imprevisível, assim como a própria harmonia, surpreendente e frágil, de tudo o que concorre para a organização, estão sempre fazendo com que o espaço urbano deslize para fora dos esquemas funcionais em que é possível fixá-lo. No próprio interior da organização econômica e fundiária, no próprio interior do impensado estratégico que regula as circulações e os fluxos, o plano se anima de maneira bem diferente, se libera, efetua saltos, acelera, se abre ao silêncio – estrias, rasuras, acordes partem em todos os sentidos: percursos complexos ou sem motivação estatisticamente atribuível, redes de indícios oscilando do simples passeio até aquela forma magnificada em que toda a questão do sentido se agitou por um tempo para os surrealistas e para outros passantes, outros videntes, enunciados coletivos de horda ou de massa, frases inteiramente solitárias e, até mesmo, solipsismos, encontros. Aí, tal como na linguagem, o interesse "reside" sem jamais se fixar: quando a norma é evitada ou está ausente, quando cessa a proliferação de um mundo extinto – a rua de fato sem alegria, o passo de fato se arrastando nessa rua –, quando o sentido chega, esse acréscimo, esse salto de intensidade que chamamos de sentido. E as cidades, que em toda parte são o produto da acumulação de um trabalho quase sempre gigantesco e febril, escapam de sua origem mercantil produzindo esse excesso que as subtrai, entre dois assaltos, à estrita dominação da necessidade.

    Esse sentido que nunca é o senso comum é, no entanto, um bem comum, uma campina, uma terra não cultivada: território comunal feito de rastros, de visões, de odores, de instantes. Fugaz e inesperado, fiel e habitual, mas sempre ali em potência e sempre objeto de uma espera. Desde o século XIX, os escritores deslizaram nessa espera que os formou, sacudiu, exaltou, nauseou; esse território, eles o tornaram deles, o pilharam, o nutriram.

Mas antes mesmo de qualquer retomada e de qualquer tradução, há essa trama, esse segredo que se mostra nos interstícios do tecido e no qual o que é devido se subleva fragilmente, num intervalo ou numa pausa, se suspende. E não é nada, ou quase, mas esse quase nada de um ligeiro deslocamento entreabre paredes e faz ver a vida num salto: história que talvez comece com um salto sobre si mesmo, como o que um cachorro levou Jean-Jacques Rousseau a dar nos cumes de Ménilmontant e que segue além, até nós, via todos os passantes singulares de incontáveis cidades: Baudelaire, Poe e De Quincey, Nerval e Apollinaire, Benjamin e Kafka, Joyce e Pessoa, Musil e Boulgakov, Harms e Svevo, Onetti e Chandler, para citar apenas alguns. Mas se cito esses nomes célebres, é porque funcionam como estações, como nomes que o anonimato teria distraidamente dado a si mesmo, é ele a chave e a regra. O "homem das multidões" só tem nome para a memória, ele é, em princípio e acima de tudo, um olhar, uma distância por meio da qual o caráter de um lugar é identificado e apreendido, alçado à verdade retraída e nua que o instante faz surgir.

A cidade existe em massa e se dispersa em grãos, em *gramen*, mas o que levanta e recolhe esses grãos, o que os chacoalha e os faz girar, é a palpitação luminosa dos seres que a percorrem, são os próprios percursos. Sua lei é simples: quanto mais o movimento é deslocado e caprichoso, menos ele é submetido aos cânones restritivos que tentam envolvê-lo e mais a cidade tem chances de ser identificada, revelada, realçada. A quantidade de informação é proporcional ao salto que é tentado para além da redundância, assim como à densidade da perturbação que dele decorre. Desse modo, percorrida ou sondada, "ionizada" pelo andar que a atravessa e explora, a cidade se ilumina a partir do interior, como a linguagem faz quando a usamos de outra maneira que não apenas para fins imediatos ou servis. A contrapelo dessa poética atua a espessura em que se tramam os movimentos controlados, quer ligados à simples rotina quer às práticas turísticas, ou seja, tudo o que faz da cidade um puro intercambiar de funções ou um *digest* de símbolos.

(A oposição entre um uso poético e uma dominante que seria não poética não possui pano de fundo algum nem pode servir de caução para nada, a começar pela vulgata da deriva e da errância. A cidade também é aquilo que nega alegremente qualquer oposição desse tipo, qualquer hierarquia desse tipo. O que está em jogo aqui não é nada além da intensidade ou de sua ausência, e são as diversas artimanhas da administração municipal que tendem a impor a ausência de intensidade como lei.)

A história das cidades é a história de um combate permanente entre a produção espontânea de um excesso de sentido e a canalização de todas as formas sociais que produzem esse excesso. A revolução industrial levou esse combate a uma nova escala, que hoje se tornou histórica e, como tal, foi superada por uma escala ainda maior. Na língua morna imposta aos subúrbios e às periferias, havia tomado forma uma vida nova que, hoje, enquanto tudo desliza em direção a um alhures ainda indeterminado, se reveste das cores de um mundo perdido. Se, sempre, a sociedade retoma seus direitos e suas marcas (é a mesma coisa) em lugares que, no entanto, haviam sido concebidos para romper a forma orgânica de seus laços; se, sempre, ela consegue inventar uma linguagem e um dialeto de flexões no interior do quadro normativo que lhe foi imposto, ela, sempre também, atribuirá à penúltima forma – julgada menos absurda e um pouco mais orgânica do que a última – a característica dos "bons velhos tempos".

Se esses "bons velhos tempos" se confundem com o mito vivo de uma cidade organicamente vivida por aqueles que a fazem existir, há apenas continuidade e, no melhor sentido da palavra, tradição: a forma orgânica permanece sendo a forma do presente, quaisquer que sejam os valores do passado que ela engloba, e é aí que sem dúvida reside a melhor parte das cidades, ao menos daquelas cujo texto antigo, perpetuado contra tudo e contra todos, aceita tornar seus os implantes e podas que o ar do tempo lhe propõe. Quando os "bons velhos tempos", no entanto, se convertem em valor autônomo e caem numa nostalgia estéril, há desperdício de energia e imitação do passado. O falso passado é o duplo obrigatório do falso presente.

O caráter de palimpsesto do texto urbano faz parte de sua definição. Mas é menos à história ou ao presente dessas reescritas sucessivas e incessantes do que à micro-história dos percursos que quero voltar. Ali, na imediatez do contato, quaisquer que possam ser, aliás, os grandes desígnios em curso no lugar questionado, o jogo se joga solitariamente. Apegado a uma comunidade de referências internas ao lugar ou em viagem, emigrado, excluído de qualquer comunidade local, o homem da cidade está antes de tudo só, o que ele tem à sua frente é tudo o que não é ele, tudo o que vem a ele, escancarado e escapando-lhe ao mesmo tempo. O livro aberto da cidade, que será preciso ler, interpretar, compreender. Há ruas em mapas que são como palavras na língua, há cruzamentos onde nos detemos por muito tempo, praças onde nos sentamos, toda uma pontuação da cidade que deixa suas grandes frases amorfas respirarem como feixes luminosos. Uma passarela é um aforismo, uma travessa, uma questão, uma escada, uma resposta, um *boulevard*, uma toada, um quiosque, um refrão. O diálogo se faz aos poucos, são fragmentos descontínuos, migalhas que se reúnem, uma câmara de ecos que se inflama. A sintaxe lentamente descoberta deixa entrever sua estrutura: andamos por dentro, formamos sequências de palavras, fraseados, insinuamo-nos em durações, estabelecemos pontos de referência, listas de pequenos invariantes fetichistas.

Mesmo que não haja tantas aventuras a explorar dessa maneira, o caráter envolvente das antigas narrativas se acha intacto e concentrado no momento da chegada, quando a cidade ainda desconhecida vem a nós como uma massa que adentramos, ou então quando damos os primeiros passos nela com uma precaução que ficamos surpresos em logo descobrir supérflua: não, já sabíamos disso tudo, andar é (quase) sempre simples, ler é (quase) sempre fácil. Em Nova York, da qual temos na cabeça tantas representações, tantas narrativas, lendas especialmente sombrias, lembro-me de ter ficado de fato surpreso na primeira vez em que lá estive pela facilidade com que tudo era possível e simples, começando como um aprendizado tímido de uma recitação para terminar em prosa livre e deslizante. Tudo o que eu tinha a fazer era pegar o elevador e sair do estúdio da rua 77, cujas chaves uma amiga havia me entregado em Paris e onde eu havia chegado de táxi, sem conhecer nada ou ninguém. Mas era isso que eu não podia fazer, não de imediato, eu precisava esperar e contemplar, tentar à distância domar essa cidade cujos enormes rumores eu percebia. Ora, algumas centenas de passos bastaram para converter essa espera excitada numa espécie de exaltação calma e progressiva, que a evidência quase provocativa do mapa aumentava. É claro que essa lembrança não tem nada de excepcional, mas tem a meus olhos um valor exemplar: quando se adensa e se aprofunda a massa da qual nos aproximamos e onde achamos aquilo que tínhamos vindo procurar e também algo mais, que se desalinha; quando começa a se abrir um mundo em que tudo o que vemos oscila entre o pressentimento e o achado, em um "é assim, então é assim!" assombrado e fervoroso que se abre como um estuário.

Uma cidade, uma linguagem são um "considerando que", uma mão de cartas, um domínio aberto, que gostaríamos que estivesse sempre escancarado. Quando estamos nelas, em seu interior, quando penetramos nelas e quando nos lembramos delas. Nomes, mais uma vez, bastam para abrir o jogo iniciado com os atlas da infância. É só dizer Pérouse ou Portland ou Bombaim, Odessa ou Xangai ou Istambul, e de imediato um mundo é tocado, uma coloração do mundo é atingida. Já faz muito tempo que Babel se desfez em fragmentos soltos, e cada cidade cujo nome vemos no mapa é um desses fragmentos, ele próprio compósito e povoado, ele próprio pronto para se decompor em unidades distintas, em lascas que o vento leva e mistura a outras, mesmo longínquas. A mania de comparações, que é tão forte logo que falamos de cidades, logo que deslizamos em pensamento entre elas, ganha aí uma origem, mas é de fato como se houvesse uma corrente de semelhanças, de ecos e de premonições. Acontece de esses ecos serem ratificados pela História, mas eles podem muito bem escapar a qualquer determinação positiva e perturbar ainda mais: ecos suscitados de passagem, às vezes no limite do perceptível (como essas imagens do sonho que a vigília pena para fazer remontar da noite), provocados por um detalhe ou uma configuração, uma ruptura ou uma harmonia naquilo que vemos. Forma, edifício, espaçamento, cena de gênero que fazem com que um lugar deslize rumo a um outro regime de frases em que uma outra cidade parece se esboçar, infiltrando naquela em que nos encontramos uma partida imprevista, uma assinatura distante. Jogo de reflexos e de trocas em que tudo, ao se imbricar, se descola – como, para mim, o efeito "Buenos Aires" no entorno do parque Guell, de Barcelona (alimentado, sem dúvida, pelas histórias com que um tio que vinha de lá banhara a minha infância), ou a imperturbável sensação de *déjà-vu* que os bairros que rodeiam a praça Omonia, em Atenas, me proporcionam.

Por fora do tecido, algo é extraído, fragmento que se fundia ao conjunto e que, além dele, suscita o mundo cobiçado de um deslizamento sem fim, memória em que todo lugar se torna móvel e ricocheteia. Massa estranha e esquiva em que sonhamos ao andar, duplicados e sonoros. Massa que com frequência nos leva apenas a um alhures pouco identificável e que talvez seja apenas a identidade ainda confusa e talvez para sempre inalcançável do lugar por onde avançamos. Não de uma vez só, mas à beira de um crescimento lento, a cidade por onde andamos se transporta e começa a flutuar.

Desses passeios que de maneira lenta e certa se alucinam por si mesmos geralmente nos lembramos mal – o que neles se assemelha ao sonho fica patente nos sonhos de passeios e ficou marcado para sempre pelo início de *Aurélia*, de Nerval, ou por alguns outros livros. Alguma coisa vacila, após um aceleração contínua, e uma espécie de velocidade de liberação é alcançada – andamos nessa velocidade, tranquilos, inquietos, evadidos, estamos na fase muda de um reconhecimento cada vez mais aberto e luminoso, e o que chega é um pouco como aquela chuva dourada que Whistler[2] fez cair de uma ponte em Londres, é aquela chuva na cabeça, ritmada pelo encadeamento mecânico dos passos que continuam a seguir (e não devo me censurar por essa chuva dourada ser bonita demais, pois é de fato assim que acontece, como um noturno em pleno dia, num rumor ou num vento que pensamos não ser mais que uma propensão). Às vezes, a literatura aceita esse dom, às vezes ela não passa disso, mas tanto na literatura como fora dela, o deciframento das cidades, essa atividade lenta e ávida, em certo sentido passiva, se torna uma forma de experiência em que a própria experiência se vê rejuntada: escorrendo e levada num fluxo e não em posição de controle, frágil, soberana, procurando patamares na linha de soberania que a tenciona e a curva.

Essa experiência está inscrita no mapa que a contém, e é para ela que tendemos ao abri-lo num café ou numa esquina: possibilidade pura, ela se destaca, ela desperta logo de cara. A partir dessa experiência, e mesmo que ela permaneça aleatória e rara, a cidade inteira se desdobra como seu campo de apreensão, sempre há um pouco de sua chegada, de seu tumulto, assim que se sai: de si, de casa, do quarto. Uma vez cruzada a porta, "fora" sobrevém sem redenção: uma corrente de ar quente ou frio, por vezes uma gravidade, um aspecto imóvel que surpreende, uma fragmentação desvairada que agride – a interioridade, roubada de sua perturbação solitária, de seus sonhos pesados, de seus gestos sonâmbulos, de sua ladainha de aborrecimentos, vai se erguer, ela é lançada, abandonada em algum pedaço do mundo. No sistema fixo do mapa, o caminhante vai mostrar seu jogo e a distribuição das cartas dependerá de suas escolhas, de seu humor, de sua sorte, mas queira ele ou não, a não ser que esteja ocupado demais, mergulhado em si mesmo, algo virá tomá-lo, surpreendê-lo, e talvez nada seja mais desconcertante do que essa facilidade com que o tecido urbano se apodera de quem se insinua nele, enredando-o em suas malhas.

Não somente nos tornamos, assim que saímos do lugar que nos serve de morada (regular ou provisória), um componente ou uma partícula do imenso jogo de forças e de atrações por meio do qual a cidade ao mesmo tempo se embala e se mantém, mas também e acima de tudo, ficamos inteiramente entregues à potência de manifestação de um mundo cujas tramas nos escapam, à força de um "jeito" denso e repetitivo. A empiria triunfa no estar-aí divagante dos múltiplos em que a unidade da cidade se percebe ao se dispersar. O homem das cidades é sempre *invadido*, e até mesmo a imagem do menos disposto dos visitantes, a do conquistador, em algum momento se inverte: são homens invadidos os invasores do México antigo, esses homens assombrados, supersticiosos e violentos que, amedrontados, penetram Tenochtitlán, presas de um devaneio que eles não podem nem identificar nem compreender e que só saberão destruir. O conquistador é o contrário absoluto do viajante, ele é aquele que só vê a outra língua numa cintilação brusca, extraordinária, mas que para ele já queima, ele jamais a falará, ele chegará a desejar que ela nunca mais seja falada. E o decalque permanece transparente: além de sua língua, os espanhóis vão impor sua sintaxe urbana, ela mesma filha do plano romano – uma catedral em vez e no lugar do templo do Sol, e em toda parte, num plano incompreensível para os índios, ruas como em Trujillo, praças como em Madri.

O turismo de massa é a criança que descende dessa violência. Ela não tem nem a mesma exuberância, nem a mesma crueldade, nem a mesma cegueira, mas seus recursos são fartos e tendem a adaptar a complexidade a esquemas e reduzir a partilha a quermesses. É isso que fica tão claro em *A noite da iguana*, esse sequestro que força as clientes americanas a penetrar de fato, com seu ônibus desgovernado, na espessura do México.

Mas vamos voltar à solidão, ao que poderíamos chamar de "troca solitária", que é bastante diferente da vulgata humanista dos "escritores viajantes". À suposta liberdade do locutor se opõe, portanto, muito bem armado, o peso da língua em que ele se aventura. Essa oposição não é um freio, é a partir dela que a intriga se amarra. A frase composta com as palavras do mundo não remete nem a si mesma nem ao mundo, postos pura e simplesmente em polos antagônicos, ela é apenas o desenho e o movimento de uma relação efetuada, efetiva e, no sentido mais real e mais desamparado, o resultado de uma troca. Em Roma, frases romanas se formarão, em Paris, frases parisienses, com agilidade ou, ao contrário, imperícia, sempre, contudo, no interior do tecido, como uma costura incerta e secreta. E esse tecido, com seus buracos e suas fibras, seus fios vermelhos e suas dobras, suas ondulações cintilantes e seus vícios, está ao mesmo tempo acabado e ainda por tecer. Uma cidade é uma reserva, uma potência, é também um ato incessantemente recomeçado, um conjunto vivo que vive apenas daquilo que vibra em sua trama.

Uma cidade é uma soma de agenciamentos e, a cada vez, em cada percurso, a realização de um novo agenciamento, de uma nova frase. Massa e linhas, massa de linhas emaranhadas, labirinto de corredores e de vestíbulos onde um fio de Ariadne, de modo imprevisível, se estica. A linha soberana é a ressonância desse fio, em que se pode ouvir a vibração discreta de um tratado de paz. A língua então falada é como uma sequência de ecos ouvidos, como uma corrente sonora deslizando sobre o fundo de um rumor contínuo.

Uma frase romana: "eu" desço do Janículo pela via Garibaldi ao cair da noite e retorno ao centro já à noite pela via della Lungara, deixando, portanto, para trás todos os fraseados do Trastevere (a começar por aquele que me teria levado da via Goffredo Mameli, tão sabiamente pontuada por árvores muito altas, até o chafariz incrustado da via della Cisterna). O Jardim Botânico, fechado, a Farnesina, fechada, a Accademia dei Lincei e todas as ruas íngremes que partem em ângulo reto e terminam no muro a partir do qual a colina vai subindo até o farol tricolor e cômico que não podemos ver de tão baixo. Esses sinais dos tempos são os carabineiros em guarda em frente à penitenciária de Regina Coeli, com coletes à prova de bala e silhuetas ameaçadoras do drama estatal, ao passo que, não longe dali, num cenário de aparições e chafarizes, o Trastevere dança e janta, turístico sem dúvida, mas ainda numa improvisação agitada que o salva. Enquanto, também, a alguns metros dali, invisível por causa da mureta que separa a via della Lungara do cais propriamente dito, corre o Tibre, torrente mais do que rio, e ao qual ninguém concede sequer um olhar, mas que, verde, escuro, distante, confere ao desenho romano um corte silencioso que parece mais uma vez chamar, como outrora, seu quinhão de corpos afogados.

Uma frase nova-iorquina: geométrica e brusca – plano de Hipódamo iluminado em neon: violentamente agitado ou de repente calmo, atravessado por ruminações ucranianas e reescritas chinesas, falsas nostalgias napolitanas ou irlandesas, beatitudes de policial grego, sim, mais para o sul de Manhattan, quando qualquer caminho sabe que deve chegar à luz já marinha ouvindo os ruídos de fera esgotada da ponte do Brooklyn, ali onde, de repente, não há nada além da América, do "novo mundo" dos verbos que religam entre si os nomes de culturas disparatadas e de terras perdidas, é essa luz, essa ferrugem, esse frio ativo esticado pelo cabeamento branco da ponte, é um cheiro que vaga entre a fumaça, o tijolo e as vigotas, semelhante àquele aroma condimentado que estagnava sempre na esquina da Broome Street com a West Broadway e que, no meio de um bairro mais para esnobe, nos fazia lembrar, entre um passo e outro, que estávamos, de toda maneira, num porto.

E assim se segue: uma frase madrilena versada sobre a Gran Vía, uma frase de Nantes, uma frase de Amsterdam, uma frase de Lisboa, uma frase de Dublin, uma frase do Cairo, uma frase de Dakar, de Buenos Aires, de Bogotá, de Salônica, de Mombaça, de Gao, de Goa... E também uma frase turca em Berlim, uma frase de Biarritz em Casablanca e uma de Casablanca em Paris (na esquina da rua Saint-Maur com a rua du Faubourg du Temple), uma frase chinesa em quase toda parte – ou ainda uma palavra russa solta, como em Genebra ou nos arredores de Boston quando, de repente, surge do tufo local uma igreja com bulbos de ouro. Colagens sem fim, parênteses de um texto estranho abertos no meio de uma frase local, mas que termina por fazer parte dela e contar de outra maneira que não do modo régio ou suntuoso a micro-história de um lugar, a lenda violenta de uma troca imposta ou o rastro de um êxodo.

Frases, portanto, e sem fim: séries, sequências breves ou envoltas em si próprias, interjeições, apóstrofes, solilóquios. Algumas, ao exemplo da frase de Roma, circunscritas numa mesma cultura, enquanto outras concatenam sequências de proveniências disparatadas – a *performance* de um texto a cada vez relido, retomado, depois abandonado ao seu próprio devir, lentidão que é domada ou permanece irrequieta, velocidades que absorvemos ou regurgitamos, camadas emaranhadas em que fragmentos de pensamento arquitetônico e pencas de impensado se sobrepõem, tanto nas periferias quanto nos centros e, enfim, naqueles incontáveis bairros que não são nem uma coisa nem outra, mesmo quando ronda pelo mundo uma espessura opaca que a tudo isso apagou, ou ao menos tentou apagar. Já que a "questão da moradia", resolvida às pressas por funcionários públicos barulhentos e construtores servis, espalhou por todo lado suas pretensas respostas, que são hoje zonas contra as quais esbarramos e de onde as ideias de passeio e de *flânerie* foram excluídas *a priori*. Não podemos passar adiante ou agir como se a coisa não existisse, a coisa, isto é, o catálogo atualmente mundial das soluções apressadas e cínicas que, em suas diferentes versões – "*cités*" de torres e fitas ou conjuntos de casa loteadas –, condenam seus habitantes a se confinar e a se privar dos próprios sinais através dos quais a vida se expande, se distrai, se relança. A língua é aqui atingida em seu ser, não porque haja miséria, mas porque um outro texto a substitui, feito de peças soltas que nada é capaz de unir.

Não é fácil nem alegre retraçar a gênese e compreender os álibis e desafios dessa destruição da rua e de tudo o que ela produz em termos de territorializações hostis e fantasmagóricas. Mas temos o direito de nos perguntar como uma ruptura tão profunda pode ter se reproduzido no imaginário urbano, como uma degradação como essa pode ter ocorrido na construção do ser social que o constitui. Aqui, nenhum passado vem nos abraçar como um maná de consolação, não é do passado que se trata, mas de um direito, que seria o de habitar outra coisa que não um compartimento ou um número de porta, de habitar outra coisa que não uma extensão pavimentada de boas intenções, mas que se tornou tão deserta quanto os espaços mornos e vazios que a desdobram. Se aqui e ali havíamos recomeçado a pensar que até mesmo os "burros" tinham direito às suas trilhas, às vezes achamos que já é um pouco tarde demais. Algo de sombrio aconteceu. Na perspectiva de uma angústia milenarista, a questão urbana se tornou uma presa fácil, até mesmo fácil demais, e nela se atolam muitos dos discursos generosos que gostariam de reparar os erros e tornar mais dóceis aqueles que pagam o preço por eles.

Da imagem da cidade não podemos retirar o que a nega, a cidade hoje é também esse esquecimento de si mesma que ela estende sobre essas bordas. No entanto, ao evocar o "pensamento livre" dos caminhantes e a experiência da cidade, não creio ter falado de um fantasma ou de uma forma desvanecida. Misteriosamente, alguma coisa se mantém firme, a possibilidade luxuosa de uma visão caleidoscópica e livre se sustenta, e o faz de maneira diferente do modo como ocorre nos bairros para os quais ela estaria reservada. O que chamei de "gramática gerativa das pernas" não é, no fundo, nada senão esse luxo desdobrado na superfície, luxo de detalhes em que se apreende um mundo, liberdade concreta de um jogo recomeçado de saída em saída, liberdade *política* no sentido mais original.

A única forma democrática que um depreciador da democracia como Nietzsche conseguia amar era a da profusão urbana – menos a ágora do que a calma de um subúrbio ou de uma praça afastada, e também as grandes vias, as alamedas cobertas, as passagens, os lugares públicos abertos até tarde e a preços acessíveis, alguma coisa que, segundo o tempo de cada um, se harmonizasse à era das estradas de ferro e dos cafés: um mundo em que a humanidade profundamente ligada à terra parecesse poder se tornar mais leve, menos sentenciosa e mais alegre. Trata-se aí apenas de um sonho, de um sonho de Turim, como haverá ainda outro, mais tarde, com Cesare Pavese vindo de Langhe, e cujo fim também será trágico. Além do dilaceramento, contudo, uma aliança persiste, e é como se Turim, túmulo desses dois homens e celebrada por eles, soubesse disso. O aliviamento que eles desejaram, que conheceram, com que sonharam, pode ser ali sentido como um eflúvio, a brisa na verdade bem leve e meio empoeirada que margeia o rio Pó e que vai embora entre as arcadas.

Esse aliviamento da humanidade que as cidades permitiram – e que elas criaram com astúcia, crueldade, requinte –, é como se o reportássemos a nós mesmos, como se nos liberássemos com elas daquilo que temos de mais pesado em nós, como se, por meio delas, um uso diferido do mundo nos fosse dado. A coisa ocorre ao mesmo tempo como uma apropriação e como uma despossessão – pura troca em que somos o balcão. A cidade é antes de tudo um mercado, como dizem os historiadores depois de Fernand Braudel, mas é também o mercado em que depositamos nosso pensamento para retomá-lo carregado de objetos consideráveis como de um leve butim. O passante, contudo, talvez não espere nada, nada de "especial", como se diz. Ele avança, para, espreita, cruza, captura, abandona. E o que conta são menos os seus croquis, suas notas ou suas fotografias e mais a captura viva, natural, da qual eles não podem se resignar a se tornar o rastro morto. Como grande objeto, nada se poderia achar de mais fugidio, de mais instável, de mais difratado do que a cidade. Apenas a linguagem, uma vez mais, está na mesma medida. Inabordável, e incessantemente abordada, ela só se torna real quando nos acolhe. Falamos *na* linguagem e andamos *na* cidade. O que vem, o que sempre acaba por vir, é um pensamento, uma linha que deriva na lei, uma via, uma voz.

A linguagem assim como a cidade são equilíbrios que vivem da perturbação que engendram, sistemas abertos. Troca perfeita, portanto, em que a liberdade oferecida é como um trampolim – e nesse sentido há um *cogito* do visitante que se fixa à emoção da pura localidade, quando essa liberdade de ir ainda é uma miragem e um rumor, quando a sentimos aumentar como uma devoração lenta e um silêncio. *Hic ego sum*. A maioria das cidades soube organizar um lugar narcísico de onde se possa contemplá-las, do alto ou de uma certa distância: das alturas, é o plano da cidade que é uma vertigem. A cidade inteira, entregue até o horizonte, não entrega nada mais que um panorama, aquele de combinações sem fim, de um mundo aberto e que até aceita vir como o silêncio que, por um instante, é percebido e que, no fundo, o contém e o limita. A "selva das cidades" se recolhe num arbusto compacto e atarefado, a cidadela imensa estreita seus laços para uma vez mais se dilatar. A periferia, o universal sem centro do território urbano que se estende, regula doses de silêncio e de fumaça para além do labirinto de bastidores que é o verdadeiro palco do espetáculo que começa, ou recomeça: palavras lançadas ao fogo e secadas sobre a terra ou molhadas pela chuva, nomes de avenidas que partem, portas que não se fecham mais e pontes que atravessam – milhares de histórias que se esperam, se filtram, se infiltram, desaparecem.

NOTAS

1 "Não se pode pensar e escrever senão sentado" (Gustave Flaubert). — "Com isso te pego, niilista! A vida sedentária é justamente o pecado contra o santo espírito. Apenas os pensamentos andados têm valor." Gustave Flaubert, *Crepúsculo dos ídolos*, Tradução de Paulo César de Souza. São Paulo: Companhia de Bolso, 2017, p. 12.

2 Alusão ao quadro *Nocturne: Blue and Gold – Old Battersea Bridge*, de James Whistler. (N.T.)

NÃO MUITO LONGE DE ARCUEIL

Não muito longe de Arcueil (*Pas loin d'Arcueil*) foi publicado no número especial dos *Cahiers du CCI* dedicado ao subúrbio e intitulado *Tout autour* (1986).

A periferia, eu me lembro, ficava do outro lado, podíamos chegar lá como quiséssemos, de trem, de carro, de ônibus, até mesmo a pé, mas ficava do outro lado e continua lá, alhures, e continua sendo o menos longe de todos os alhures e a mais fácil de todas as viagens – mas é alhures e é uma viagem quando não vivemos lá, quando não nascemos lá, quando, ao contrário, vivemos no interior do círculo, no interior do duplo cinturão dos *boulevards des* Maréchaux e da autoestrada periférica. Durante muito tempo, vivi bem na borda, a alguns passos, perto de uma porta, e por mais que o espaço urbano começasse a se esvair um pouco e que os cafés fossem assiduamente frequentados por aqueles do outro lado, estávamos ainda no interior e desse jeito: bem na borda, perto de uma porta (de Orléans), em Paris. Há vários subúrbios, ou seus equivalentes atuais, que lançam na cidade eixos pelos quais alguma coisa da periferia se infiltra, mas o cinturão é de todo modo muito forte, mais forte do que na maioria das cidades, e se faz notar de imediato, em toda a sua violência, em toda a sua tranquilidade. Ele é mais baixo, dividido em comunas, as ruas têm outros nomes, as pessoas são em média mais pobres e as vitrines menos luxuosas, há grandes conjuntos habitacionais e pequenas casas[1] em número infinito, mais árvores, mas menos parques, há zonas industriais e cheiros que não respiramos no centro, as linhas de ônibus têm três números, há materiais que quase não vemos em Paris: argila expandida, fibrocimento, telhas mecânicas, telas onduladas, blocos de concreto.

É uma vastidão que se expande em todas as direções, debruçando-se sobre as residências ou os galpões, há um norte, um sul, um leste e um oeste bem distintos, como se a exposição em relação à cidade tivesse colorido para sempre esses espaços postos de lado, que se transformam o tempo todo, onde se constrói e se demole, mas que uma tradição oculta estrutura e divide. A periferia é tudo aquilo que está fora dos muros, entre os muros e o começo do campo, trata-se, no entanto, de qualquer coisa, menos de um misto de muros e campo, de prados e vitrines. De um lado, o corte é seco, ainda mais seco que no tempo das barreiras,[2] o *boulevard* periférico forma uma fronteira com bastante eficácia. Do outro, nem tanto, meu colega de liceu costumava me falar das vacas que ainda podia ver em Billancourt, no início dos anos 1950, numa fazenda esquecida. Faz muito tempo que já não há mais vacas, elas estão cada vez mais longe, mas quando aparecem, assim como os prados e áreas cultivadas, como o espaço entre as casas, é porque a periferia acabou. É sempre estranho, quando voltamos a Paris de carro, sair das autoestradas abstratas que ali se insinuam como serpentes para pegar a estrada Nationale, a N7, por exemplo, que, desde Corbeil, deixa ver o tecido, o tecido que se aperta com garagens, oficinas, comércios de móveis, restaurantes, até mesmo restaurantes chineses, e placas. De todos os lados partem pequenas ruas cobertas de pequenas casas, ruas aonde jamais iremos, acreditamos, até que, num belo dia, por uma razão qualquer, lá estamos. É primavera, a rua é inclinada e em forma de cotovelo, há glicínias, tufos de plantas das pampas e cães que latem atrás das cercas e, apesar de uma linha de prédios que barra o horizonte, apesar de uma obra de rua cujas fitas de plástico vermelho e branco se movem ligeiramente, temos a impressão de que nada nunca mudará, de que tudo está ali para sempre – nesse universo um tanto provisório e onde poucos se estabelecem por muito tempo. E vimos tudo, do carro debaixo de uma lona à campainha enferrujada, da roseira ao cachorro dos vizinhos, das placas de cimento ao longo de um pequeno quadrado de grama às cortinas de estilo caseiro das quais se afasta uma silhueta.

A periferia, ao menos essa que não é a das *cités*, dos jovens em bandos e das vias de circulação rápida, são lembranças de periferia, imagens de uma vida retirada, descrições de romance, ali nada se move e, à noite, não há ninguém. É tudo isso e outras coisas mais. A música que vai e vem dali é a música mais triste, são as notas de piano de Erik Satie, desfiadas desde Arcueil. Música para tempo chuvoso, música de homem só olhando a rua sob a chuva, música de passos que evitam as poças e do dia que cai. Um cheiro acre, uma acácia pode até sacudir suas gotas e reluzir tudo, mas já acabou, e recomeça no momento em que parou, o tempo volta à mesma hora, pequenas iluminações, com sabor de biscoito, e esse tempo continua. O *populo* vive ou vivia ali, em meio a essa música, e nela coloca seus cantos. Colocava-os, deve-se dizer, pois não há mais cantos, e tudo o que refletia esse mundo já se foi. A valsa do 14 de julho fotografada por Doisneau, com aquela chama loura que gira rindo, é de antes, é uma imagem. E as lembranças da periferia não se recolhem sobre si mesmas, elas são sacudidas, nós as repicamos, as difundimos, mas a periferia não pode ser seu próprio museu: ela respira de outra maneira, e cuidamos dela. Em seu tecido já alveolar, há grandes rombos, séries de furos, em sua vida já centrífuga demais, há efeitos de desertificação ou de silêncio, e aquilo que deveríamos tensionar se solta, e aquilo que deveríamos reunir se dispersa.

Não há periferia ideal. Do ideal, a periferia está meio longe, mas pode-se sonhar, e talvez nem precisemos dizê-lo, pois a periferia não para de sonhar, de ver passar em seu sono trens cheios de fantasmas. Ela não sonha com a cidade, nem com um devir-cidade que lhe cairia como a luva que ela não tem, ela sonha "com nada", com todos esses nadas urbanos, esses nadas de urbanidade que a compõem e que se prolongam com ela em suas avenidas e seus becos, em seus jardins e seus depósitos. Então, derrubam-se de maneira brusca a imagem "infernal" e seus efeitos esperados: ao redor da cidade, daquilo que continua sendo "a selva", a savana aqui e ali se clareia e, em seu tempo já tão dilatado, se insinuam epifanias. Certa vila com acentos de Nerval, em Vanves, mas também fumaças estagnando num céu laranja ou o mistério que impregna todo estabelecimento humano bordejado pela noite quando o trem passa por sobre um vale de luzes que se parecem com as brasas de um fogo extinto. Gente jogando cartas em La Plaine, Saint Denis, os cartazes de touradas na Casa de Espanha da rua Cristino Garcia, as cores dos bubus em frente ao hospital franco-muçulmano de Bobigny, um farfalhar de álamos sobre a rua Marne, os peixes vermelhos num tanque, uma bacia de concreto em que tremulam pequenas flores, uma chaminé de tijolos no fundo do pátio de uma fábrica abandonada, uma fogueira de tábuas na lama de uma obra, as ervas daninhas, as urtigas. Nunca é o fim do mundo e é, na verdade, o que nunca será, os aviões que vão para o fim do mundo, justamente, passam ali por cima.

NOTAS

1 Em francês *"pavillon"*. O termo remete a um tipo específico de casa, pequena, construída em subúrbio ou em zona rural, normalmente cercada de um terreno também pequeno. (N.T.)

2 Alusão às barreiras erigidas no final do século XVIII, nas portas de acesso a Paris, para controle fiscal. (N.T.)

AMOSTRAS

Amostras (*Échantillons*) foi publicado
na primeira edição de *La Ville à l'œuvre*
(Jacques Bertoin éditeur, 1992).

Como espécies de pequenos livros ou como os menus cartonados dos restaurantes, que trazem, em vez de imagens, verdadeiras amostras: assim se apresentavam os mostruários de cores dos fabricantes ou anunciantes de mármores e de ladrilhos que meu pai conservava para as necessidades de seu trabalho: quadradinhos de massa de vidro em que a cor parecia afogada numa geleia de bolhas ínfimas, fragmentos retangulares de mármores verdes, rosas, vermelhos ou brancos ou cinzas, veiados ou não, provenientes dos quatro cantos da Terra ou ao menos da Europa, nomes de materiais e de lugares que me restam daqueles tempos e que fazem flutuar por sobre minha infância um cheiro de cimento e de canteiros de obra, ligado à sensação de algo sempre frio sob a mão. Grés cerâmico, travertino, *comblanchien*, *sarreguemines*, granito: lembro-me do léxico multicolorido desse catálogo de materiais, lugares ou firmas. O material é um elemento da arquitetura que o discurso teórico frequenta pouco, muito pouco: costuma-se pensar que, por meio desse discurso, seja possível penetrar num mundo incolor e sem consistência, puramente formal. Por sorte, um mundo assim não existe, uma vez que toda decisão espacial logo se torna uma decisão material, e que o contrário também muitas vezes se verifica, quando é a escolha de um material que determina um campo de possíveis formas.

Coisas que são de madeira, de ferro fundido ou de aço, coisas que são de vidro ou de pedra, de terracota ou de plástico, coisas que são lisas ou ásperas e que recolhem a luz de maneira diferente. Qualquer relato de arquitetura é contado no espaço por meio da utilização da memória material dos elementos que ele oferece, e cada edifício, para além de sua forma, distribui as ressonâncias próprias dos materiais de que é feito, segundo uma repartição orquestral em que até mesmo a nota mais ínfima é colocada e acena.

Rastros da madeira de fôrma propositalmente deixados sobre a pele do concreto, coloração de um reboco sobre o qual uma sombra vem brincar, imitação pintada dos veios do mármore, corrimão de metal, de madeira ou revestido de plástico, degraus gastos pelas lavagens, ladrilhos de um antigo banheiro, tijolo que parece cozer uma segunda vez ao sol ou que, ao contrário, a chuva faz reluzir, casas de madeira da Rússia ou da América do Norte, telas onduladas dos subúrbios e dos trópicos, reflexos de telhas envernizadas azuis do Japão, ardósias bretãs, granito, pinho, carvalho, vidro, junco, acabamentos de todos os tipos e gesso parisiense: nada, nunca, está ali por acaso. Ainda quando involuntário, o discurso dos materiais – por um lado, mais do que qualquer outro, ligado às coerções dos programas, dos costumes ou das modas, por outro, diretamente destinado à usura – se desenvolve em relação ao nobre relato dos gestos espaciais como uma espécie de infra-história fracionada em detalhes cujas sementes estão contidas nos edifícios, sementes que são todas sementes de real. De fato, o material é trivial, é ele que vem lembrar a arquitetura de sua destinação. Mas no seio dessa quase humildade, ele brilha, decide seu próprio canto. Pesado ou leve, rico ou pobre, bruto ou trabalhado, ele é como uma toada ou como um passo lento, ele não é apenas o que leva a arquitetura a se sonhar, ele também, no próprio seio de sua posição realista, começa a sonhar.

Interminável mas tentadora seria a lista exaustiva dos materiais que a arquitetura, desde os primeiros tempos, utilizou. Há em reserva, quanto a isso, toda uma arqueologia a ser feita e de que só existem, disseminadas nas ciências humanas, algumas sequências. A cada vez que um material aparece ou desaparece, o ar do tempo se vê modificado, e se a pedra e o mármore parecem, como se diz, eternos, há, em compensação, materiais cujo tempo de aparição coincide com um modo ou com um estilo e que, por isso mesmo, quase têm o poder de condensar uma época e de tornar-se sua matéria simbólica. A história das mentalidades se enxerta aqui na história das técnicas: os materiais são também o conjunto dos ofícios e dos gestos, são todas as bordas habituais que os acompanham. Do estucador ao telhador, do cortador de pedras ao marceneiro ou ao pedreiro, tudo se passa como se essa ligação entre o material e o mundo do trabalho ainda fosse visível na maneira como o material tende a se distinguir, qual plebeu, de tudo o que o gesto arquitetural conserva de aristocrático.

Contido na arquitetura (mas jamais como a matéria numa bolsa ou num recipiente, diretamente na arquitetura, por assim dizer), o material, matéria informada por um trabalho e levada por esse trabalho ao espaço, se comporta ao mesmo tempo de maneira autônoma, oferecendo um sentido que é só dele e que comporta uma parte secreta. E isso vale para todos os materiais, sejam eles brutos ou elaborados, que provenham do corpo terroso do mundo ou tenham sido objeto de uma longa metamorfose, que pareçam ter sido arrancados do barro ou sejam o produto de processos técnicos recentes. Aqui, aquele corpo curvado produzido pela mais refinada técnica não tem contas a prestar com a terra batida de um solo estabilizado, tudo o que faz pele para a arquitetura está igualmente vivo, é igualmente depositário de um segredo e de uma ressonância.

A tudo o que no material é rastro e memória vem se somar o que pertence ao seu poder de registro, é o que se adivinha na ocasião das demolições, quando trechos de paredes inteiras de papel pintado contam, a quem quiser vê-la, a história dos quartos que foram ali suspensos. Isso vale para tudo, para o mundo sonoro também, qualquer que seja, aliás, o silêncio dos lugares: ruídos que o tapete de um prédio haussmaniano, preso por seus fixadores de cobre, busca sufocar até o estrondo ou que, ao contrário, as colunas de ferro fundido de um espaço da era industrial parecem ter ouvido, há toda uma variedade de sonoridades de que os materiais se fazem o eco involuntário. Nada o diz tão bem quanto a estátua de Victor Louis que é mostrada no *hall* do Grand Théâtre de Bordeaux, de que ele foi o arquiteto, e que, esculpida em fonólito – pedra que tem a particularidade de ressoar como um metal percussivo –, se oferece como a figura emblemática dessa outra maneira que a arquitetura tem de ser falante.

Dessa "fala" dos materiais, que poderia ser contada num livro, um livro monumental que seria o equivalente moderno de uma boa parte do que foi para a Antiguidade a *História natural* de Plínio, esbocei aqui algumas frases, à guisa, elas também, de amostras, como um catálogo que folhearíamos numa sala de espera.

Mármore

Existe, ao sul de Thassos, que é a mais setentrional das ilhas do mar Egeu, um pequeno cabo que é uma pedreira abandonada. Ativa até o século VI de nossa era, tinha a reputação de produzir um mármore branco e quase sem veios, igual, nos diz Plínio, o Velho, ao das Cíclades, isto é, ao famoso pentélico. Resta nela algo dessa proeza que ainda levava Plínio a dizer: "E nós, sem outro desígnio além de nossos prazeres, cortamos e transportamos montanhas que outrora era maravilhoso apenas atravessar" (*História natural*, xxxvi, 2). O que se vê é o cabo ser interrompido num entalhe deslumbrante lustrado pelo tempo, e depois continuar sob a água, ali onde a indústria o aplainou. Aqui e ali emergem dessa plataforma alguns rochedos brancos mais ou menos trabalhados, um deles ainda se mantendo em forma de coluna, outros trazendo, a despeito da erosão marinha, rastros de ferramentas ou de amarras.

Na luz do meio-dia, sua brancura é tão exorbitante que nos faz fechar os olhos. Ao cair da tarde, em compensação, o sol declinante dá ao brilho deles uma tez rosada, de uma suavidade tal que não se pode deixar esse cabo antes que a noite o azule por completo. Nada há, contudo, de sentimental nessa borda mais estranha do que pitoresca, e, aliás, bem deserta. Nem o tom de pêssego que Chateaubriand reconhecia na Acrópole, nem a brancura imaculada que contrasta com o azul profundo do mar, nem mesmo a cor turquesa daquelas espécies de piscinas naturais que se formaram entre as paredes do mármore, nada está ali sob o céu como os valores de um pastel, ainda que sublime. A extrema distância da História, a ideia que se pode ter dos operários que trabalharam ali há dois milênios, mas ainda mais a calma vitalidade com que o mármore se decreta nessa pedreira marinha e solitária como uma espécie de absoluto da pedra, tudo concorre para fazer consistir, em seu silêncio e debaixo dos pinheiros, o rumor de uma origem que seria absurdo imaginar suave e terna: a língua falada pelo mármore desse pedestal imerso é a de Heráclito e de Ésquilo e, nesse país, qualquer pia em que se despejem peixes parece tê-la ouvido.

Grés cerâmico

Longe, muito longe do mármore, esse nome talvez não diga nada a ninguém. Trata-se de um tipo de ladrilhagem utilizada sobretudo, e de maneira recorrente, na França nos anos do pós-guerra. Feito de pequenos ladrilhos de cinco ou dez centímetros, ele é, na maioria das vezes, de um tom castanho ou bege, às vezes cinza ou rubro, e essa cor, produzida pela mistura de óxidos metálicos e pasta de grés, forma um sistema de manchas de um rubor bastante compacto. Utilizado em geral para áreas comuns, cozinhas e banheiros de moradias de aluguel modesto, ou para equipamentos sociais, ele é sem caráter e meio tristonho, apesar de todos os jogos decorativos (quincunces, bordaduras, motivos) a que se tentou submetê-lo. Em sua simplicidade, contudo, tem o poder, mais do que qualquer outro material, de condensar o pós-guerra, que é também, para mim, a infância, e tudo o que emana daquelas construções por meio das quais a tímida IV República e os primórdios da V marcaram o território. Numa dimensão que seria a de um *Je me souviens* [Eu me lembro] derivado de Georges Perec, o grés cerâmico compõe a paisagem como o Citroën Quinze ou o 4CV,[1] um cartaz do circo Pinder num ponto de ônibus ou a voz de um locutor de rádio comentando a chegada das 24 Horas de Le Mans. Alguma coisa da essência dos subúrbios daquele tempo segue em seu nome: há lama de um canteiro de obras no avesso de calças largas, há carteiras escolares com tinteiros de chumbo, notícias das guerras coloniais e uma chuvinha fina caindo sobre um ônibus de plataforma: o material, que não sabia de nada, foi, contudo, bem informado a respeito, e conta para quem quiser ouvir.

Ladrilhos quebrados

Não o vidro, mas ainda a ladrilhagem, tal qual a exuberância catalã a leva ao ápice de seu poder, como se um caleidoscópio tivesse transbordado sob o sol. Em Barcelona, na longa e inacreditável serpente do banco do Parque Güell ou ainda na fachada do Palácio da Música Catalã. Gaudí ou Domènech i Montaner inventaram, antes até da ação da colagem, uma versão solar da arte da *assemblage*, estética da recuperação do resíduo que, a despeito de sua origem e destinação urbanas, veio assinar em pleno centro séries de obras de faiança usadas em casamentos campestres. Ao passo que na França e um pouco mais tarde (em Paris, mas também no oeste, segundo o impulso dos irmãos Odorico), sob um sol mais baixo e com cores menos vivas e menos loucas, a ladrilhagem quebrada, com maior frequência em interiores do que em fachadas, teve também seus belos dias, cujos brilhos não esmaecidos, ao acaso das ruas, ainda podem ser vistos. Tradição perdida que um martelinho de cabo longo e fino conservava, já que os operários italianos e portugueses quebravam de propósito os ladrilhos saídos da fábrica para recompô-los em seguida num *opus incertum* de rejuntes estreitos, distinguindo-se nessa arte delicada e paciente, inteiramente oposta às lógicas seriais que a substituíram.

Notas sobre o vidro

O que a história da vidraça nos conta é a passagem de uma técnica a outra, de um mundo a outro. Até o século XVII, os vidros eram compostos de elementos de pequenas dimensões, quase sempre rejuntados com chumbo, como nos vitrais. Mas, acima de tudo, tratava-se de vidro soprado, aplainado de imediato. A um mundo de pequenas aberturas em que o vidro permanece um luxo corresponde a figura, tão próxima da alquimia, do soprador de vidro, em outras palavras, uma atmosfera de penumbra e de fogo, uma agitação de ateliês pré-industriais. Foi preciso esperar o desenvolvimento da técnica do vidro fundido para que a "vidraça" propriamente dita, isto é, o vidro plano que conhecemos, pudesse se emancipar da tutela das pequenas molduras de suporte e atingir proporções consideráveis, logo exploradas, em especial para os espelhos. A arquitetura logo acompanha e, através do vidro, se abre para a luz, modificando por completo a relação entre o exterior e o interior e escrevendo nas paredes partituras de aberturas que lhes dão ritmo: a janela se torna o elemento fundamental da escrita da fachada e da rua.

Dessa revolução talvez não tenhamos muita consciência, habituados que estamos à baía envidraçada de grande alcance. Resta, contudo que, por causa dela, podemos também ler a época das Luzes como a dessa grande abertura para o mundo que a vidraça de vidro fundido tornou possível. Como há um mundo anterior à fotografia e um mundo anterior ao cinema, há um mundo anterior à vidraça. A cada uma dessas rupturas é o estatuto da imagem que se encontra em jogo. O que a vidraça e a janela grande realizam é o salto em um mundo que, por meio da transparência e do reflexo, da frequência das transações entre o fora e o dentro, se torna um mundo da imediatez da imagem.

Bandeirolas e auriflamas

As bruscas mudanças de luz, quando o céu se move rapidamente acima das pedras e dos telhados, a maneira como os materiais, saídos do solo, reagem aos sobressaltos da grande panorâmica que, sem fim, se desenrola acima deles: são leitores que permitem à arquitetura inscrever-se num filme em que ela se harmoniza à mobilidade do que está à sua volta. Ela sem dúvida permanece inerte, mas é como se sua pele inteira se irradiasse ao responder à luz, assim como um rosto responde conforme vai na direção da sombra ou daquilo que o ilumina. É por isso que o vento e o movimento do ar, que estão no espaço como batimentos descontínuos e fluidos, fazem parte da arquitetura ou ao menos têm a ver com ela. Sem poder fazer parte do projeto, estão ligados a ele e se somam às suas determinações como um dado aleatório. Um sítio não será apenas tal fragmento de paisagem ou tal lote de terra, mas também, para além da inevitável ancoragem no solo, uma maneira de aceitar e de querer a luz, o céu, as nuvens, o vento.

Todos nos lembramos de que, na primeira *progettazione* histórica – no painel fundador de Brunelleschi –, as nuvens faziam parte da demonstração, sabemos também que na longa litania do sublime, acima dos sonhos de Boullée, por exemplo, o céu intervinha como um acorde cúmplice, respondendo à ressonância terrível do próprio monumento. Mas devemos pensar também em milagres mais comuns, em sementes sorridentes, em arrebatamentos de bordas, ou ainda naquelas faixas de céu que descobrimos ao erguer a cabeça nos verdadeiros corredores de ar formados por certas ruas que se destacam em meio à massa e sobem, como a rua Oberkampf em Paris (que Jean Genet celebra em *O ateliê de Giacometti*, perguntando-se de onde ela tirou "tão nobre suavidade"), a via Gregoriana em Roma ou, é claro, as ruas de San Francisco. Os jogos da luz que passa, as alamedas de nuvens, os crepúsculos suspensos – a arquitetura tem lugar com eles e sob eles, ela é o que os emoldura, o que deveria chamá-los.

Nada sublinha melhor essa faculdade de aeração, nada a conhece melhor do que os objetos têxteis, eles próprios móveis e fluidos, que sabem reagir ao vento: bandeiras, cortinas, auriflamas, bandeirolas, cata-ventos, velas de barcos, tudo o que sabe compor com o ar, tudo o que se enrola nele, se desenrola nele, se choca com ele, desliza nele, tremula nele. Sonhador de arquitetura entre todos os pintores, Carpaccio regalou-se aí: sempre parece que em seu céu um ligeiro vento marítimo se ergueu, cujas testemunhas – bandeirolas e auriflamas, pavilhões e flâmulas – tremulam no interior de um tempo suspenso. A arquitetura imaginária do pintor das sequências de *Santa Úrsula* e de *São Jorge*, que mistura o rigor de Alberti às preciosidades lombardas, não seria exatamente a mesma sem essa pontuação de mobilidade que as bandeiras fazem nela. Signos da força ou da altivez tomados à massa legendária, estas se eclipsam também do mundo humano para estremecer em um tempo que não é o da História: entre os palácios ou os barcos dos homens e o céu, elas são como um traço de união vibrante, frágil, melancólico.

Outro imenso pensador de imagens, num mundo completamente diferente, Hiroshige deixou entrar em suas pranchas, de maneira abundante, a força de dilatação dessas superfícies formadas pelo vento, a ponto de situá-las, por vezes, em primeiro plano: lá, elas são conformes ao *ukiyo-e*, aos conceitos distendidos do mundo flutuante, lá também elas resistiram mais do que no Ocidente, onde praticamente só sobrou a bandeira, o "pavilhão nacional". Lamentável, em todo caso, é a ausência, hoje, nos programas, nos projetos e no que se vê, dessa presença que parte e que, por sobre o construído, torna o ar palpável e vibrante.

Pode-se imaginar nos portos, nos aeroportos e nas estações de trem, mas também nos teatros, nas fábricas e até nos edifícios, teorias de tecidos e de superfícies que batem ou ondulam ao vento, formando sobre a cidade um grande concurso de pipas.

NOTA

1 Alusão aos carros populares da Citroën, conhecidos pela potência do motor (15 ou 4 cavalos, respectivamente). (N.T.)

PASSAGEM DAS HORAS, PASSAGEM DOS NOMES

Passagem das horas, passagem dos nomes
(*Passage des heures, passage des noms*) foi publicado, com o título de "Azulejos", no efêmero *Journal littéraire* (1987).

Al zulej: a origem árabe da palavra define a pedra lisa e polida, a faiança (palavra italiana, oriunda da cidade de Faenza), mas ela conta primeiro de uma coloração árabe que impregna a península Ibérica, desde os jatos d'água das bacias andaluzas até aquela polifonia monocrômica dos muros de Lisboa cobertos de azulejos e cujo azul dominante se destaca do azul do céu e parece se oferecer ao ar atlântico como o espelhamento de uma esperança imóvel. *Azulejos*,[1] palavra cuja pronúncia em língua portuguesa parece um convite para deitar-se com a língua ao longo do oceano e esperar, palavra que parece condensar em si todos os poderes que a recusa, tingida de hostilidade, do *jota*[2] dos espanhóis empresta à língua de Pessoa e de Camões, palavra unida com tanta precisão ao que nomeia que parece, no ar que flutua, deslizar. Ao sol, ou talvez brilhem ainda mais à noite, os azulejos que recobrem por vezes inteiramente as fachadas, por vezes apenas apostos como bordas ou como painéis, realizam o paradoxo de fazer esquecer sua natureza ornamental para tornar-se uma espécie de pano de fundo, onda estacionária azul emitida sob a palpitação lenta das árvores e que lhes é como um eco celeste, como naquela avenida que desce suavemente rumo ao Tejo, cujo nome esqueci, margeada por jacarandás. As coisas, como os nomes, azulejos, jacarandás, começam a partir em azul e verde na direção de um longínquo ultramar, que é como o refrão secreto de Lisboa, cidade suspensa como um balcão que dá as costas à Europa de que é filha, cidade que está como que sentada, nesse balcão, às margens do mar da Palha, às margens do tempo.

Passagem das horas,[3] o título dado por Pessoa a um dos mais belos poemas de seu heterônimo modernista Álvaro de Campos ("Trago dentro do meu coração,/ Como num cofre que se não pode fechar de cheio,/ Todos os lugares onde estive,/ Todos os portos a que cheguei..."),[4] é um bom indicativo da qualidade de tempo forjada por esse povo, que poderíamos acreditar que seja formado em parte por marinheiros, em parte por pessoas, bem terrestres, que os esperam. De acordo com essa visão, nem a miséria, que foi enorme, nem a tristeza, que permanece um dado objetivo e quase um bem comum, são eliminadas. Parece que lá, ao contrário, espera e tristeza, assim como canto e silêncio, são misteriosamente aparentadas, e é como se os azulejos fossem a própria matéria ou o fundo dessa espera, como se em sua paciência mineral e ornada, talvez cifrada, algo, ou alguém, tomasse sol em meio a lembranças.

Azulejos, jacarandás, o português e seu devir-brasileiro, nos minerais, nos motivos encordoados do estilo manuelino, nas árvores, nos cafés. Inflexão tropical de uma rua, a embaixada da China popular à noite, lá no alto da rua de Buenos Aires, um jardim onde uma chinesa elegante entra depois de ter falado em português com o porteiro, em seguida tudo se fecha num muro branco e, novamente, uma fachada começa a brilhar. Fica-se ali, no jardim do hotel, sob o pimenteiro, o tempo passa e entrega aos pouquinhos o poder dos nomes, poder de que cada língua dispõe e que ela dispersa com seus emigrantes, corno da abundância de onde certos nomes jorram desde a infância para fixar a moldura de um devaneio persistente que a viagem servirá para alimentar, acrescentando lembranças e uma potência de retorno a esse chamado que o encanto evanescente do cromo vagamente ameaçava.

Assim, longe dali, Fleet Street, cujo nome parece capaz de evocar por si só o destino marítimo da Inglaterra, talvez por sua consonância direta com o Moonfleet, aquele navio pirata que o cinema tornou célebre,[5] mas que aqui está relacionado com o mundo do contrabando associado ao da grande imprensa, cujo centro foi essa artéria de Londres paralela ao Tâmisa – as rotativas assumem então o aspecto de uma gigantesca sala de máquinas e o cheiro de tinta flutua como o do alcatrão e dos óleos num porto, não sem que se mescle a essa espessura material algo de mais leve e tropical, como se houvesse em Fleet Street um Fleet Crick embutido, que narraria, por sua vez, as desventuras de um tráfico de rum num mar explosivo como uma bacia de ponche –, um nome de rua que antes de tudo ecoa com o vento, narrando a velocidade e a atividade de acordo com figuras já antigas: rumores de multidão e agitação das salas de redação, chamas e lâmpadas, whisky e vinho do porto no bosque sombrio, o ferro fundido, a bruma...

Assim Níjni Novgorod, que reúne em seu nome a densidade multicolorida de uma lenda e a consonância de uma divindade obscura, ogre entorpecido de incenso ortodoxo despertado pelo brusco desmembramento de um voo de chucas por sobre a estepe – algo de dourado, de excessivamente dourado, como uma joia bem pesada no pulso de um pope se somando à consonância grave das sílabas; um gigante com uma voz de baixo dormita nesse nome, envolvido por peles e levado por uma *troïka* cujos guizos afundam como uma pequena corrente d'água na neve, como manda o clichê de si própria, que a língua faz correr em seu seio, ainda quando recobre algo bem diferente, pálidos e tristes subúrbios, canos quebrados, lama, uma guarita.

Assim Trebizonda (hoje Trabzon, porto turco no mar Negro, outrora cidade bizantina), cujo nome deflagra um ruído de lenda como fazem os nomes do Oriente em Racine ou em Victor Hugo, a ponto de que sempre acreditei, por equívoco, que foi lá que ocorreu a história de São Jorge tal como Carpaccio a pintou, melhor do que todos, com a linha dos turbantes repetida três vezes ao fundo sobre a grande torre. Mas mesmo que não tenha sido lá, e sim na Líbia, o local em que o santo investiu sobre o monstro, "dragão pernicioso que muitas vezes fez recuar o povo que viera com armas para matá-lo", como conta Jacques de Voragine, imagina-se que a qualidade de um tremor no ar se prolongue ali e que uma princesa se entregue sem fim apenas na ressonância, como em Berenice, no mar Vermelho. E se, como é provável, não for nada disso, o nome continua, contudo, a flutuar, como um estandarte ou como um vestígio.

Assim Larchwood Drive, que, ainda que se trate apenas de uma via tranquila de um bairro residencial dos arredores de Boston, contém, como tantos nomes de ruas americanas, a tonalidade do romance e do filme *noir* e projeta no espírito, logo que lido ou ouvido, um cortejo obrigatório de imagens cujo *fondu enchaîné* acompanha o passo quando passamos por lá "de verdade", divididos, num meio sorriso, entre a figura do detetive particular e a do escriba. O herói mortal do século XX parece prolongar o passo na descendência do sacerdote egípcio, igualmente hábil na lida com os signos e segurando suas tábuas, às escondidas. O homem com impermeável que fuma um cigarro sob um pórtico ou bebe alguma coisa num bar quase fechando, o homem que dirige "com todos os faróis apagados" numa avenida margeada por mansões silenciosas, instalou-se no canto da prosa e vela por ela. Como um velador, ele tranquiliza e inquieta ao mesmo tempo: diante dele e para ele a cidade se estende como a rede latente de um estalo por vir, para o qual tudo converge, e qualquer endereço, procurado às pressas num anuário ou dado por um terceiro ao telefone, pode se tornar esse estalo, pequeno sinal de repente aceso no painel do *thriller*. Mas a potência sugestiva da ficção, de que cada frase ou cada plano parece ter por missão perseguir a intensidade, não seria tão grande se não fosse incessantemente realçada pela realidade de que os nomes dos lugares se tornam os intermediários. *No part of the town is exempt of crime*: não se trata da frase de um romance ou de um filme, mas do comentário, citado pelo *New York Times*, do delegado encarregado de investigar um crime espetacularmente misterioso que tinha acontecido num imóvel burguês de Manhattan, esse curioso solar alongadíssimo em altura que domina o East River, e cujo nome, Tudor City, parece ter sido previsto, em sua ressonância elisabetana, para que ali adviesse um dia algo de bem sangrento.

Lembro-me dessa frase, da espécie de estranha excitação que ela me proporcionou quando a li no trem que deixava a Grand Central para se insinuar por subúrbios miseráveis, em seguida por aquelas zonas indecidíveis que flutuam na superfície da América, até Yale, para onde eu me dirigia. Uma das vítimas, belíssima, cuja foto estava na primeira página de todos os jornais, era uma manequim de origem húngara. Era de tal modo como um romance ou um roteiro que a paisagem, do lado de fora, parecia fazer parte da história e, com ela, as lembranças recentes de outra viagem, mas no trem que, ligando Nova York a Boston, atravessa Providence: a cidade e o nome, a cidade parecendo tão branca à beira do mar tão escuro, com uma cúpula dourada, os profundos estuários com as árvores rentes à água, as pontes enferrujadas e as gruas verdes, os barris de óleo amarelo e vermelho no pátio das fábricas, os pequenos copos de papelão branco embutidos nos distribuidores de água potável e a estranha sensação de frescor que atinge os dedos quando os enchemos, tudo entrava no romance, tudo fazia parte do filme.

Sim, assim, é sempre assim, e a cada vez nos curvam segundo os fluxos de ecos convocados pela cor local, com a viagem nas coisas, nos nomes que lhes damos, e com essa outra viagem que as faz retornarem. É como procurar algo na água de um lago usando varas, tentar trazer o fundo à superfície e viver essa água como ela for, lamacenta ou resplandecente, como ela vier. Massa em que os escribas, como pequenos botes, surfam sobre partículas errantes. Tudo foge e escapa, mas o próprio desaparecimento se torna o fruto da investigação. O fruto: frutos caem e seu cheiro se vai na prosa – uma natureza morta com vapor sob o celofane. "Escrevemos". É, por exemplo, domingo e, em vez de estarmos fora, estamos "dentro", sós, entre paredes. Lançamos redes sobre a página branca para trazer de volta os peixes fugidos de uma memória sensitiva, como se o que partisse devesse ser resgatado, como se essa corrida-perseguição determinasse o sentido da existência ao cruzá-la com a ficção. É o "romance colossal" de que falou Novalis. Ele se desdobra sozinho, depois são os nomes que o conduzem e, entre esses nomes, os nomes de lugares são os guias mais avisados. Eles servem de pouso e de apoio, através deles sonhamos que toda a linguagem tenha esse poder de localização extremo e de engate da ressonância que os faz ricochetear na superfície da língua e que transforma cada lugar-dito[6] num pequeno ou num imenso trampolim. E isso vale tanto para Méséglise como para Combray, tanto para Pressy-sous-Dondin como para Dun-le-Palestel, tanto para Isnaïa Poliana como para Fuendetodos, e assim sucessivamente, ao sabor da memória ou de um dedo sobre um mapa.

NOTAS

1 Em português no original. (N.T.)

2 Em espanhol no original. (N.T.)

3 Em português no original. (N.T.)

4 Em tradução francesa no original. (N.T.)

5 Alusão ao filme de Fritz Lang de 1955, inspirado na novela homônima de John Meade Falkner, de 1898. (N.T.)

6 Em francês *"lieu-dit"*, expressão que remete a um nome de lugar que evoca uma particularidade topográfica ou histórica. (N.T.)

PARIS, A MEMÓRIA EM OBRAS

Paris, a memória em obras (*Paris, la mémoire en chantiers*) foi publicado no volume *Paris, la ville et ses projets*, editado pelo Pavillon de l'Arsenal (1988).

Centro da cidade ➝ essa placa de sinalização, com muita frequência libertadora, que indica ao viajante a direção a seguir para descobrir o coração do nome que o atraiu, desaparece assim que as cidades ganham grandes dimensões: as metrópoles, em todo caso, não têm mais "centro", não têm nada que possa ser de fato chamado assim.

Paris é uma metrópole desse tipo, e isso a despeito de que seu desenvolvimento por meio de círculos concêntricos em torno do núcleo de uma ilha primitiva a destinasse, ao que parece, a poder conservar um centro dessa natureza. Mas a própria dinâmica desses círculos, somada ao entrecruzamento complexo entre uma rede antiga, labiríntica, e a rede feita de grandes eixos retilíneos que a recobre, produziu uma disseminação ativa, de tal maneira que, à estrita oposição centro/periferia, Paris intramuros replica com uma fina articulação de pontos de condensação e zonas concentradas, repelindo assim, para longe, a situação periférica e compondo-se como um todo, como uma espécie de novelo de centros.

O que significa dizer que o centro está em toda parte e se declara no momento em que cruzamos o cinturão. Apesar de algumas transições – ascendência parisiense em algumas comunas da periferia próxima (por exemplo, Clichy ou Boulogne, mas não Malakoff ou Le Pré-Saint-Gervais) ou, ao contrário, aspecto de subúrbio infiltrando-se ao longo dos eixos de saída no próprio seio da cidade –, em seu conjunto, Paris se declara no momento em que penetramos nela, o que fazemos, aliás, de maneira simbólica através de portas, mesmo que a linguagem destas não seja tão marcada quanto pôde ser no tempo das barreiras.[1] Que cheguemos pela porta d'Orléans, pela porta de Auteuil ou pela porta Dorée, o que logo se revela é um estilo, que contrasta às vezes abruptamente com o subúrbio que acabamos de deixar. A sensação de atravessar um cabo e o efeito de muralha invisível do duplo cinturão são tais que é como se algo do estatuto da cidade medieval tivesse, apesar de tudo, se mantido, qualquer que tenha sido, por outro lado, a força do impulso centrífugo.

Mas como Aristóteles já havia assinalado (e as formas da cidade antiga lhe permitiam pensar assim), "a unidade da cidade sem dúvida independe de suas muralhas".[2] O que ele designa como alma e núcleo gerador dessa unidade, para além até mesmo dos traços urbanos que a constituem e a reforçam, é uma amizade, uma *philia* que liga os membros da comunidade política que a cidade forma ou deve formar. Ora, Paris, cuja unidade, contudo, salta aos olhos, não é uma comunidade política desse tipo. Sua função de capital de um país, antiga e indiscutida, sua essência cosmopolita e, enfim, suas próprias dimensões a privam até certo ponto das possibilidades representativas de uma comunidade restrita. A amizade que faz a unidade de Paris, o manter-junto que faz existir como tal o tecido parisiense, é uma amizade de afiliação não política, uma *philia* que é acima de tudo estilística, estética – um manter-junto que só persiste pela afirmação de traços associados à arquitetura, a qual se desenvolveu em Paris, ao menos até 1945, como um gigantesco catálogo de variantes.

Essa unidade tão impressionante se desenvolve a partir de dois registros, eles próprios declináveis numa multidão de fatos: ela é em primeiro lugar topológica, toma consistência na forma de uma rede quase estável, ela é, em seguida, simbólica e se desenha como unidade dos efeitos de representação. Contudo, do plano à fachada, esses dois registros se dobram um sobre o outro, e é a rua que brota dessa reunião. É a rua, privilegiada de maneira absoluta, que dá a Paris, à língua urbana de Paris, seu fraseado em toda parte reconhecível, quaisquer que sejam os sotaques (suburbanos, nobres, burgueses) que o inflexionam ou as dimensões (da ruela ao *boulevard*) que o estruturam.

Mas do que é feito, então, esse fraseado, já que também há ruas em todas as cidades do mundo? O que há, então, de específico, e qual é a nota singular que nele se executa o tempo todo e que por isso nos autoriza a falar de um estilo ou, ao menos, de uma unidade estilística forte o bastante para fazer dos diferentes estratos e até mesmo dos desvios que agem sobre eles os elementos do que se pode perceber quase sempre como uma composição?

O tecido parisiense se impõe em primeiro lugar por uma homogeneidade que se estende de maneira considerável no espaço e que parece ter o poder de reunir num único leque as diferentes camadas da estratificação histórica: é como se o palimpsesto tivesse aqui as virtudes não tanto da colagem ou da montagem, mas do *fondu enchaîné*, ou ainda como se uma espécie de liame visível ligasse as sequências entre si. Se há de fato conjuntos constituídos historicamente que formam bairros inteiros, dotados de um código arquitetônico específico – como o Marais, que talvez seja o mais compacto desses bairros –, se há de fato, ao acaso da rede, inúmeros resíduos de formações mais antigas, Paris, contudo, não se dá a ler como um *patchwork*, como uma composição de unidades disparatadas. Parece, ao contrário, que há uma consciência de si nessa cidade, que trabalhou em toda parte para reunir os efeitos, para recapitulá-los. O dispositivo é tal que os elementos incorporados no conjunto do texto da cidade só determinam sua singularidade quando o harmonizam com uma medida arquitetônica unânime.

Esse enorme trabalho de consciência de si foi feito sobretudo no século XIX.[3] Não apenas esse século viu Paris passar do estatuto de cidade muito grande ao de metrópole, não apenas os edifícios que datam desse século ocupam mais da metade de toda a superfície construída, mas, sobretudo, esse século, que também destruiu muita coisa, foi o da recomposição da paisagem antiga. Brutal em muitos de seus aspectos – é nessa brutalidade que se inscreve *O cisne*, de Baudelaire, onde "a forma de uma cidade" é percebida na atmosfera de um canteiro de obras apocalíptico –, essa recomposição seguiu, contudo, um caminho bastante original que, apesar das ações estratégicas bem conhecidas referentes à luta de classes, traça um equilíbrio entre a *tabula rasa* e a nostalgia. A comparação com Barcelona é esclarecedora: sabe-se que lá, à cidade medieval no fim das contas deixada intacta (somente suas muralhas foram destruídas), foi acrescentada uma outra cidade, feita da trama regular pensada, e bastante pensada, por Ildefonso Cerdà.[4] Nada parecido em Paris, nada de uma justaposição desse tipo, mas um efeito de trama singular, que superpõe ao tecido existente os fios de uma outra rede, pensada em outra escala, gerando seus próprios eixos e seus próprios polos no seio da matéria existente, inaugurando seus monumentos (prefeituras, estações, parques etc.) tanto no interior quanto às margens da massa antiga. Submetido a tal tratamento, o tecido poderia ter se rompido. No entanto, miraculosamente, ele resistiu e, fora algumas exceções, das quais a mais notável foi a adjunção de vias de circulação subterrâneas, é nele que os parisienses continuam a viver.

Essa concatenação de escalas deixava de fato à iniciativa urbana um campo bastante amplo. Ela lhe fornecia as molduras lógicas de seus devires funcionais ao mesmo tempo que estimulava o jogo das imbricações. Em toda parte, a rua (e o *boulevard* ou a avenida permanecem ligados ao regime genérico da rua) ordenava e tramava, com uma sutileza às vezes desconcertante, o trabalho da vitalidade. Mas a própria essência desse trabalho era burguesa: das passagens da primeira metade do século às aberturas haussmanianas, do estilo "rambuteano"[5] ao *modern style*, é um sonho burguês que Paris condensa. A amizade, no sentido de Aristóteles, permanecia em retiro. Longe de se constituir, o estar-junto comunitário se desagregava no seio do suntuoso teatro, e todas as veleidades de apaziguamento da tensão que povoam os projetos de reorganização serão impotentes, o século XIX em Paris será também, e talvez acima de tudo, o dos enfrentamentos entre classes. Mas, embora esses enfrentamentos recubram quanto ao essencial uma divisão entre bairros, visível e insolente, "Paris" não se quebra em duas em seu ser: não reconciliados, os diferentes grupos sociais que compõem a cidade batem o pé em nome dela e numa forma em que pedra talhada e gesso parisiense são secretamente cúmplices.

É preciso, no entanto, aproximar os fundamentos dessa unidade estilística ou "atmosférica" que atravessa simultaneamente o tempo (os estratos da História, que remontam ao tempo de Juliano, o Apóstata) e o espaço (os bairros, as margens do rio). Quaisquer que sejam suas manifestações, o discurso da arquitetura parisiense nunca se separa por completo de uma preocupação urbanística ou, melhor ainda, ele é absorvido por ela. E foi essa imbricação entre o traço arquitetônico e a vontade de composição urbana que deu a Paris, a despeito de poderosas oscilações entre o rigor e a sobrecarga ornamental, seu estilo. Que nos abandonemos, da varanda de um café, a olhar partirem as horizontais das linhas formadas pelos balcões e cornijas de um *boulevard* ou de uma rua literalmente cavados na massa urbana, como a rua La Fayette, ou que observemos, na luz matinal de um café da manhã cubista, a coorte de telhados e mansardas, ou que nos exercitemos em tomar a medida dos ângulos nas esquinas (onde são quase sempre truncados, suavizados), é sempre a essa imersão da partitura arquitetônica no tom geral da cidade que somos confrontados. Jamais o solo, mesmo quando inspirado e potente, escapa por muito tempo do conjunto de leis, muitas vezes secretas, que regulam a sinfonia. Isso com certeza acontece, pode acontecer – chegou a ser mania de uma época ignorar essas regras –, mas o filme é contínuo, desenvolvendo-se como um longo *travelling*, e alguns percursos tardios de táxi são como *rushs* sempre surpreendentes, inclusive para o próprio nativo, sobretudo, é claro, se ele estiver voltando de uma viagem longa e distante.[6]

Assim, apesar da teatralidade dos monumentos, a impressão geral permanece a de um filme de arquitetura cuja unidade de base continuaria sendo o edifício: a melhor prova disso talvez seja a rua de Rivoli que, com o jogo de suas arcadas e de suas mansardas cimbradas, incorpora o Louvre, defronte a elas, num perfil urbano que comprime a monumentalidade, que a deixa fluir. Anotada por Walter Benjamin desde sua primeira temporada em Paris, essa impressão é a de uma cidade que libera as casas de sua relação estrita com a função para fazer delas "bastidores de pedra pelos quais passamos".[7] Bastidores de um teatro, em que o único papel possível parece ser o de passante, solitário ou perdido na multidão, e não há nada de surpreendente, desde então, que a figura do *flâneur* tenha nascido aí, no entorno desses bastidores. Nerval, Balzac, Baudelaire, Apollinaire, Breton, Henri Thomas e muitos outros continuam a ser os passantes dessa cidade: eles ainda passam ali, não como fantasmas de épocas findas, mas como ludiões que descem e remontam o curso do tempo.

Se o monumento, em sua solidão de objeto, ainda que relativa, pode aspirar ao estatuto de poema arquitetônico, com o recitativo da rua, em compensação, é somente da prosa que se trata. Paris é a cidade em prosa por excelência, uma prosa ao mesmo tempo narrativa, poética, teórica, em cujo seio os poemas dos monumentos se incrustam como citações, mas onde tudo termina remetendo à teatralidade prosaica dos enfileiramentos, com entradas e pátios que escandem seu coro de segredos e de digressões no seio dos capítulos. O passante, entregue à prolixidade do plano, é o herói desse romance, ele o escreve de acordo com seu desejo, cita nele o que quiser. Mesmo que a rede de imagens antiga, cujos momentos sucessivos são desenvolvidos pelas fotos de Marville, de Atget, de Brassaï, de Doisneau, de Robert Frank, tenda a se afastar, o próprio dispositivo urbano em que esses instantâneos foram possíveis se mantém como um sistema de referências que permanece ativo sob a superfície do tempo. Matérias e cores (toda a gama dos cinzas numa luz cambiante que se espalha entre o chumbo e o nácar), monotonia dos alinhamentos e teorias de janelas, cafés de todas as dimensões e de todos os gêneros disseminados na massa como uma franja descontínua de reflexos, é toda uma chuva de motivos que atinge suavemente sua origem e vem acompanhar a marcha, é uma proliferação de referências que vem sustentar e alertar a memória.

Uma textura assim formada impõe à intervenção arquitetônica coerções e precauções que ela nem sempre teve, pode-se até mesmo dizer que, em certo período (de 1960 a 1990 aproximadamente), a amnésia, que está longe de ter desaparecido por completo, dominou de modo quase ultrajante. Em faixas inteiras ou em pontos isolados, o tecido foi rasgado, interrompido, ignorado, com a mediocridade duplicando na maior parte do tempo o efeito já desastroso da indiferença ao contexto, mas às vezes agindo sozinha, dando à luz um estilo neoparisiense tão pernicioso quanto o não estilo das torres, das fitas e das lajes. É fora da indiferença e fora da imitação que a questão posta pelo contexto engrena a possibilidade de uma resposta – de uma resposta verdadeira.

Orientado para a autocrítica pelo contexto, o arquiteto deve (deveria) por sua vez fazer-se crítico e inserir sua proposta, a novidade de sua proposta, no infinito processo autocrítico da cidade. Esta escreve em seu próprio corpo uma partitura de correções e de rasuras, mas a finalidade de todo aporte crítico é fazer com que, ao escrever-se assim, a cidade ao mesmo tempo se leia. O leito de sua prosa deve ser ouvido e continuado. A questão aqui não é a da imitação, mas a da invenção de um fraseado: longe de neutralizar o ato arquitetônico, o código fornecido pelo contexto lhe prescreve sua oportunidade. Pensar com a memória do lugar não é filiar-se a um estilo, é, ao contrário, tentar apreender o espírito do tempo e dar-lhe seu poder de ressonância no seio de um tecido já existente, que é ele próprio feito de tempos contraídos e dobrados juntos.

À parte algumas notáveis exceções – a rua Mallet-Stevens, a esquina tão habilmente tratada por Expert no final da rua Guénégaud, alguns edifícios aqui e ali –, o encontro de Paris com o movimento moderno fracassou. Enquanto Paris, lisonjeada por sua reputação de cidade-luz, tendia a afastar-se de toda experimentação formal, preferindo enfeitar-se com as enormes máquinas neoclássicas de que o palácio de Chaillot é o protótipo, o movimento moderno se privava, por seu lado, de qualquer reflexão sobre a singularidade e a diversidade do ser urbano, ser vivo, aleatório e, contudo, ordenado, cujo apogeu Paris de certa maneira representava. De tal modo que a cidade pôde continuar sendo a "capital do século XIX" que Benjamin reconhecera nela. Não como uma cidade-museu, mas como um tecido tátil, aberto, inacabado, como uma superfície sugestiva propondo em toda parte, em seu seio, pequenas acelerações rítmicas e pontos de condensação em que uma das faces do moderno – aquela que o surrealismo reenviaria ao mundo – podia brilhar, enquanto as outras faces permaneceriam privadas de uso.

Essa contradição foi resumida por Benjamin de maneira penetrante em seu texto de 1929 sobre o Surrealismo, no qual ele dizia o seguinte: "Como representar uma existência que se desdobra inteira no *boulevard* de Bonne-Nouvelle, nos espaços de Le Corbusier e de Oud?"[8] A questão permaneceu em suspenso, e era ainda mais violenta na medida em que, do lado de Le Corbusier, com o plano Vizinho,[9] o *boulevard* de Bonne-Nouvelle devia pura e simplesmente desaparecer. Para além dessa extrema contração que emblematiza o conflito entre a arquitetura e a cidade, a situação parecia se eternizar, e os anos 1950 constituem sua última dilatação. Foi apenas em seguida, com a ruptura de 1958,[10] que a decisão de fazer com que Paris se assentasse em seu século pôde tomar forma, mas, infelizmente, de qualquer jeito. Em vez de estudar com flexibilidade, preferiu-se dotar com brutalidade: a limpeza obrigatória das fachadas decretada por Malraux[11] é como a lanterna ideológica desses anos. Tratava-se não somente de mudar de pele, mas também de talhar, amputar. Por sorte, alguns projetos, como a entrada de autoestradas em plena cidade (a "radial" do lado sul, a cobertura do canal Saint-Martin do lado norte), não vingaram, mas bairros inteiros desapareceram e quase em toda parte ergueram-se edifícios que, tanto pela altura quanto pela posição retirada em relação ao alinhamento, permanecem ainda hoje como emblemas dessa vontade de submeter Paris a esquemas que de maneira alguma lhe correspondiam.

Enquanto essa tendência perdia o fôlego, uma outra vinha substituí-la, trazida por um novo "príncipe", que obrigou Paris a se reconciliar com efeitos de monumentalidade pouco inclinados a se insinuarem na cidade com delicadeza: a nova Ópera da Bastilha e a Biblioteca Nacional da França, a primeira num registro grosseiro puro e simples, a segunda num registro estilisticamente mais probo, mas do mesmo modo desastroso no plano urbano, são os exemplos mais tristes.

Entretanto, nem uma nem outra dessas tendências conseguiram destruir essa espécie de espessura em que Paris se mantém, e o fizeram ainda menos à medida que uma terceira direção, muito mais fina, começou a fazer com que seus efeitos fossem sentidos. Tudo se passou como se *in extremis* a velha cidade tivesse desejado a despeito de tudo encontrar o moderno, ou como se o moderno tivesse compreendido que podia se colocar nela de maneira suave, sem dar cotoveladas para abrir espaço e esplanadas diante do que construía. Não querendo ceder à tentação do *palmarès*, não citarei exemplos e, por sorte, eles seriam bem numerosos. Aliás, é raro que sejam monumentos, são, com maior frequência, edifícios, junções, que, no velho filme a que eles atentamente assistiram (ou que, como é o caso do Beaubourg, um monumento, eles permitem que vejamos melhor), vêm escrever uma sequência nova, visível como tal, mas não exibida. Ao final, poderia ser, ao menos é o que podemos desejar, que, ponto por ponto, um trabalho de acupuntura se faça nesse velho corpo cansado, e que este sinta os benefícios – uma leveza que lhe falta, uma disposição que ele não tem mais.

É do lado dessas correções e, portanto, de uma arquitetura que seria ao mesmo tempo contextual e livre, dotada de memória mas não de nostalgia, que se decide o futuro da capital, na medida em que este pode ser pensado a despeito do futuro de sua periferia, próxima ou distante. De toda maneira, a fineza de cada solução deve ser reinventada a cada vez em função de dados disparatados e numerosos. Esses dados dizem respeito ao sítio, à rede, aos gabaritos, aos alinhamentos, aos materiais, à função, mas todas essas palavras, se são genéricas, não deixam de designar variáveis tão delicadas quanto o grão de uma pele, a forma de uma sombra ou a inflexão de um gesto. De acordo com a natureza desses dados, todo um leque se abre, que vai do aliviamento discreto, quase invisível, ao efeito de surpresa deliberado. O que se desenha assim é a possibilidade para a arquitetura de conceber a si mesma como conjunto genérico de intervenções, como "grande forma", porém, disseminada, ágil, ativa. Se se trata de fato, todo o tempo, de arquitetura, se a textura do espaço social depende tanto da forma de uma simples porta quanto do desenho inteiro de uma praça ou de um bairro, então a arquitetura não é mais apenas o que se delega ou se deposita na obra, ela é também e em primeiro lugar um imenso teclado de amplitudes e de ocorrências que a significam, sempre e a cada vez de maneira diferente. Assim exposta, a arquitetura se abre à sua possibilidade mais alegre, que é (que seria) a de se colar com precisão na pele do devir.

À frente em relação ao devir, e apregoando os amanhãs cantados, o movimento moderno lançou grandes navios que hoje são cargueiros sem emprego; atrasada em relação ao devir, a compulsão nostálgica se obstina a travestir as cidades em cercados folclóricos. Teria, portanto, chegado a hora, hoje, de um encontro, como uma série de ricochetes na superfície de uma cidade, como uma arte da tremulação.

NOTAS

1 Ver nota 2, p.59. (N.T.)

2 Aristóteles, *La Politique* [*A política*], Paris: Vrin, 1987, p. 176.

3 Remeto aqui ao grande livro de François Loyer: *Paris, XIXe siècle, l'immeuble et la rue* [*Paris, século XIX, o edifício e a rua*], Paris: Hazan, 1987.

4 Ver Ildefonso Cerdà, *La Théorie générale de l'urbanisation* [*A teoria geral da urbanização*], Paris: Éditions du Seuil, 1979.

5 Referência à arquitetura de traçado geométrico que integra o conjunto das obras urbanas do prefeito parisiense Claude-Philibert Barthelot de Rambuteau (1833-1848). (N.T.)

6 É em Anna Maria Ortese, *Le Murmure de Paris* [O murmúrio de Paris], Paris: Mille et Une Nuits, 1999 que está provavelmente o mais belo texto escrito sobre a Paris do pós-guerra, no qual encontramos a descrição mais justa e mais arrebatadora de um desses *travellings*.

7 Walter Benjamin, *Correspondance* [*Correspondência*], Paris: Aubier-Montaigne, t.1, 1979, p. 52.

8 Walter Benjamin, "Le Surréalisme, le dernier instantané de l'intelligentsia européenne" ["O Surrealismo, o último instantâneo da *intelligentsia* europeia"], *Œuvres*, II, Paris: Gallimard, 2000, p. 130.

9 Trata-se do projeto de reconstrução de Paris apresentado por Le Corbusier na Exposição Internacional de Artes Decorativas de 1925. (N.T.)

10 É o ano da instauração da V República Francesa, que vigora até os dias de hoje. (N.T.)

11 O escritor André Malraux foi ministro da cultura entre 1958 e 1969, e lançou, em 1963, uma grande campanha de limpeza dos principais prédios e monumentos de Paris. (N.T.)

PASSADO
SIMPLES

Passado simples (*Passé simple*) foi apresentado no colóquio "*Imaginaire artistique, imaginaire politique*" (Albi, 1988).

Apegamo-nos ao passado, mas e ele, a que se apega?
Quais são os signos que o oferecem?

O passado jamais pode ser encontrado como tal, isso é uma evidência, só pode ser encontrado de acordo com sua forma atual de apresentação.

No espaço urbano, essa apresentação do passado se reatualiza o tempo todo, de maneira descontínua e discreta. A memória nele se encontra em toda parte, potencialmente espalhada e disseminada, e se revela em ato na rememoração, que é contato e afloramento.

Mas o que é que, assim, aflora?

E será que aqueles que, oficialmente, têm a guarda dos signos do passado sabem como o passado se assinala e se assina ele próprio sem fim, como presente, presença, sem que o toquemos?

Acontece às vezes de despertarmos depois de um sonho e de, em vez da clareza, ainda que difusa, de uma imagem apreensível, arranjada como uma cena e, portanto, representável – contável –, dispormos apenas de um esboço ou, antes, de um rastro já meio apagado e, ao buscar apreender esse rastro, para tirá-lo do poço em que escorrega e se afunda, só conseguimos, ao contrário, vê-lo ser ali engolido, corpo noturno que não quer luz, brilho sonhado que a consciência, ainda mal desperta, não pôde, não soube fazer retornar. Essa experiência, bastante comum mas sempre perturbadora, que recorda bruscamente a existência desse buraco d'água que temos em nós, que somos, quase se confunde com outra experiência, não menos comum, aliás: visitamos uma cidade, já estivemos nela há muito tempo e nos lembramos. A lembrança com frequência é vaga, mas a visita a reanima, e o que estava depositado no fundo do espírito volta à superfície, essa superfície coincide com a rua em que estamos andando, com a praça em que penetramos, numa ligeira vertigem. Em certo ponto – mas será um ponto do espaço real ou um ponto do espírito, ou um ponto de superposição? –, algo de muito preciso é depositado. Nada de grandioso, a esquina de uma rua, a sombra de uma árvore contra um muro, a luz de uma lâmpada sobre uma bancada. Buscamos esse ponto, não o encontramos. Talvez tenha desaparecido, talvez tenha sido sonhado? Em todo caso, é como se o tivéssemos sonhado, como se andássemos na dissipação matinal do sonho, sem mesmo saber que já entramos numa outra noite.

 A cidade, em seu tecido vivo e tátil, é como um gigantesco depósito de imagens, de imagens muitas vezes perdidas que só pertencem à memória do passante e que estagnam, à espera, como uma reserva que o pé margeia e às vezes desperta. Toda cidade é como uma memória de si mesma que se oferece para ser penetrada e que se infiltra na memória de quem a atravessa, depositando ali um filme descontínuo de flocos. Ora, esse tecido ávido de emoções tem suas leis, seus recortes, suas fraturas. Infinito, ele também é "estruturado como uma linguagem" e, como toda linguagem, só existe de fato em ato, como palavra enunciada:

frase ou narrativa, linha cursiva inventada ou retomada por aquele que anda.

Mas a cidade, toda cidade, tem guardiões. E os guardiões, os edis, não sabem nada, ou muito poucas coisas, dos pensamentos daqueles que andam pela cidade. Sua jurisdição se exerce sobre os monumentos, os acessos, a rede viária. No entanto, eles não têm conhecimento dessas imagens, dessas remissões que a cidade pode, entretanto, destruir. Aqui, intervém de fato um hiato entre o livre uso da dormência do passado e o que pretende lhe ditar seu despertar. Aplicado à cidade, o "dever de memória" é uma catástrofe.

Depósito de sua própria memória e de sua história, a cidade, por meio de seus guardiões, se exalta com elas. Enquanto sobrevivem, as antiguidades, os rastros do passado emitem signos para o presente, e tudo fica bem enquanto esse movimento não se distingue daquele que, no filme pessoal da memória, se dedica às suas operações de montagem. Porém, tudo se dissocia assim que o signo, reconhecido pela coletividade e isolado como tal, é separado de seu contexto. Seu contexto, próximo do esquecimento, era a estadia do depósito, da lenta e infinita deposição das imagens, ao acaso, sem preocupação com o signo ou a marca: é o "mágico saber" de que fala du Bellay em *As antiguidades de Roma*, que tira à noite de suas sepulturas os corpos afogados da arquitetura antiga. Mas a libertação voluntária e voluntarista do signo, que suprime tudo à sua volta e predispõe, na maioria das vezes só tem por efeito apagá-lo ao rebaixá-lo à medida de um mero bem de consumo cultural. É o que ocorre com os monumentos, com os sítios e as zonas classificados: eles escapam ao fluxo, se exibem em vez de aparecer numa escapada. Tendo entrado à força na "comunicação" que separa, saem do plano de imanência em que o tempo os havia derramado.

A limpeza das fachadas desempenha aqui um papel-chave. A intenção, ao realizá-la, é idêntica a da restauração para os quadros, e é louvável: evitar que tudo se perca ao se descamar, e ao mesmo tempo clarear, embelezar, quem não o desejaria? No entanto, o remédio se revela com frequência pior do que o mal. Lembro-me, por exemplo, da cidade de Uzès, no departamento de Gard, tal como a descobri uma manhã ao descer das Cévennes, que havíamos atravessado à noite. Ora, essa cidade, que era magnífica, espanhola, e que o tempo, que a marcara, não injuriava, não existe mais. O trabalho que foi feito sobre ela transformou-a numa espécie de catálogo onde tudo o que simplesmente estava ali passou a soar pretensioso. Exagerado, o pitoresco virou propaganda, imagem de fôlder, e o sol provençal parece hoje querer vender o que o habitava com tanta nobreza.[1] Essa destruição da essência é comum, pode ser vista em toda parte, como também se veem, felizmente, operações de limpeza que não vão tão longe, que sabem parar a tempo. Já que tampouco se trata de fazer o elogio de quaisquer "bons velhos tempos" ou de um completo *laisser-aller*. O que está aqui em questão é uma leitura do tempo, pois é a juventude do tempo que o passado faz ver quando apenas o deixamos vir, tal como ele se conta e se expõe. E a vinda, a contrapelo de um *laisser-aller*, é o que se oferece com firmeza à consciência, numa torrente: a autoafirmação do passado tal como o tempo o forma, ou seja, o contrário de toda reconstituição e de toda negociação da lembrança, de todo *lifting*.

É, aliás, essa mesma negociação, esse mesmo arbitrário do signo que vemos em ação nas arquiteturas novas que, entre panóplia pós-modernista e linguagem neovernacular, reciclam elementos do antigo léxico. À recusa da livre linguagem do passado responde em eco a recusa da livre linguagem do presente, de tal maneira que tudo se reúne numa espécie de molho eclético, numa verdadeira cobertura que se exibe como valor acrescido, ao passo que na realidade, em sua insipidez, aniquila toda essência. O factício da restauração que limpa se equilibra com o factício da imitação involuntariamente *kitsch*. Aqui um reboco horrível, meio rosa, e ali uma falsa arcada, é a mesma coisa.

A questão da conservação do passado se coloca, portanto, nos seguintes termos: se o que se desdobra com o tempo, no tempo, se conserva livremente, como fazer para que o que é assim conservado, mais do que isso, permaneça? Questão que pode ser traduzida desta maneira: por meio de que signos a memória de um lugar é de fato transmitida? E o que convém preservar para que essa transmissão se mantenha?

Preservar e proteger são palavras que empregamos sobretudo quando falamos de zonas naturais. Conservar, em compensação, é uma palavra que evoca, antes, o que está ligado aos museus, ao museal. Ora, pode ser que o estatuto objetivo das cidades antigas seja esse, uma espécie de oscilação ou de equilíbrio instável entre o vivo e o museal, de tal maneira que todo aumento da dose museal seja nelas um perigo. Não compartilho do ódio aos museus, não é por causa deles que a "asfixiante cultura" ameaça (enquanto depósito de signos, eles estão livres para serem ou não visitados, eles existem como ilhas no interior do tecido urbano). Mas se uma cidade pode também ser compreendida como um arquipélago de museus, ela não tem que se tornar museal, parece-me que sua natureza, sua energia e até mesmo seu esgotamento, puxam-na inteira para fora daí e, consequentemente, para fora desse estatuto da conservação, e que, em compensação, o que se poderia desejar para ela, estimular nela, seria uma proteção, no sentido quase ecológico. É, de fato, também da proteção de um *meio* que se trata: um meio, em outras palavras, um tecido vivo em que os signos são disseminados e formam um conjunto coerente, um mundo, um bioma, como os pássaros num pântano, como as árvores numa floresta.

A isso poderíamos objetar que, com os monumentos, lidamos com algo bastante diferente: os monumentos seriam na verdade como superpássaros ou superárvores, diferentes como tais do "qualquer", escapando como tais das leis do meio. Igreja ou catedral, castelo, palácio, fortaleza, edifícios civis ou religiosos de todas as ordens, mas ligados a uma época e a um estilo e assinando na cidade esse traço epocal e estilístico, o monumento, apto a figurar como tal nos guias que o descrevem e, muitas vezes, o anotam, é o primeiro e o mais evidente vetor desse "valor de rememoração" que Alois Riegl foi o primeiro a observar. Como signo voluntariamente edificado como signo, o monumento de fato rompe com o que o cerca e dele se distingue, mas somente até certo ponto: o próprio efeito de contraste deve ainda ter um espaço onde brotar, um tecido, um meio onde se impor, o valor simbólico deve ter um leito onde se firmar. E, com efeito, esse tecido se mostra tão importante para a percepção do monumento quanto o próprio monumento em sua singularidade. Objeto, o monumento pode ser comparado a uma ária particularmente célebre, mas que só assume seu sentido se for executada no seio da ópera completa. E assim é para qualquer monumento, para qualquer época, ele fala tanto melhor à medida que fala no seio de um tecido que o escuta e o acompanha – mesmo quando esse tecido de escuta não é seu contemporâneo imediato: assim, em Roma, para aquelas escaladas de Idade Média e de Renascimento que cercam como braços a partitura antiga. Assim também para as catedrais góticas, cuja percepção difere por completo conforme brotem, como em Bourges, diretamente da massa das casas, ou estejam afastadas delas e até mesmo exiladas, como em Orléans.

Como se sabe, a proposta de arrasar as cidades antigas, conservando apenas seus grandes monumentos, foi feita e pôde figurar, por um tempo, o máximo de um urbanismo integral e conquistador. O que é tão assustador no plano Vizinho[2] não é tanto a radicalidade provocativa quanto a redução da arquitetura antiga ao estado de uma coleção de troféus: estamos aí em plena museificação e é surpreendente ver como esse é um traço constitutivo, já que Le Corbusier ou seu discípulo Niemeyer só puderam pensar a cidade nesses termos: mesmo que integralmente modernas e edificadas sem contexto prévio, suas cidades são museus de objetos arquitetônicos, puras composições estáticas. É por isso também que elas envelhecem tão mal: o que recusou a fluidez do espaço se revolta na fluidez do tempo, em vez de viver nela.

Essa fluidez não é apenas tempo correndo sobre ruínas futuras, ela própria é compósita, ela se dilata, é móvel como o céu. Pode-se mudar as peças do jogo, incrustar novas, proteger as antigas, é desse modo que as coisas caminham. Mas se o tecido toca em torno do solo do monumento a partitura da orquestra inteira, se a cidade é assim, e tão poderosamente, tão precisamente sinfônica, isso também quer dizer que toda nota tocada conta, que toda nota é responsável por sua *performance* e que, por isso, é preciso proceder em toda parte com extrema atenção. Tomarei o exemplo da iluminação urbana, na medida em que ela assumiu um lugar cada vez mais importante no seio da consciência de si da cidade, e que, por isso, ela deveria ser a encarnação dessa atenção e dessa precaução.

Tudo o que em nossas cidades está ligado a um passado, ainda que pouco distante, jamais foi iluminado como aquilo que vemos. Há uma história da iluminação urbana, e ela é apaixonante, Wolfgang Schivelbusch a mostrou num belo livro, *A noite desencantada*.[3] A eletricidade sem dúvida deixou de fascinar. Estamos de tal modo familiarizados com todos os seus efeitos que ela não é mais uma fada para ninguém, e, no entanto, trata-se de um agente de efeitos permanentes, sejam estes desejados ou não: da janela que, à noite, reluz à fachada iluminada, da cabana à pista de aeroporto, da lâmpada fraca caindo sobre um monte de carnes (como vemos nos mercados levantinos) às teorias sobre os refletores varrendo a luz do alto dos estádios, seu vocabulário é infinito. Iluminação dos ornamentos ou testemunha dos recantos mais humildes, ela própria é ornamento, agenciamento, fuga, sonata, nota isolada na noite. Mas, como toda potência, tem dois gumes e exige uso delicado, em especial quando a vontade de representação interfere, ou quando ela se combina à missa patrimonial.

Sempre me surpreendi na Itália – e a Itália, como se sabe, é uma reserva única de traços humanos fundadores – com a qualidade da iluminação sem violência e tão discreta que parece sempre ter feito parte do tecido, em geral bastante antigo, e, em todos os casos, anterior à era da eletricidade, que o engloba. A que se deve isso e de onde vem essa qualidade que dá às cidades italianas, à noite, esse ar de partir junto com as próprias ruas, ao longo de uma leve pontuação? É simples, frequentemente não há revérberos, mas lâmpadas suspensas por cabos no centro das vias, que formam no seio da própria estrutura urbana uma espécie de teia de aranha arquitetônica, verdadeira sequência em que o desfiar dos pontos luminosos, situados a intervalos regulares, opera como aquelas pautas musicais que Apollinaire via nos trilhos e catenárias. E devemos acrescentar que esses pontos, ainda que o vento quase não sopre, se tornam móveis, projetando então em torno deles um filme de sombras moventes.

Bastaria que sob um pretexto qualquer substituíssemos essas lâmpadas por mobiliário urbano standard, por exemplo, por aqueles globos luminosos mais ou menos em cachos ou por imitações de revérberos antigos, para que cessasse esse teatro que acumula os efeitos geométricos da pontuação e os efeitos cinemáticos da projeção. E tenho certeza de que o desaparecimento desse composto imperceptível de pontos de luz e de sombras projetadas afetaria tanto o ser das cidades italianas quanto, digamos, a destruição desse ou daquele monumento.

Esse passeio apenas esboçado pela noite das cidades italianas leva àquela borda em que a memória não se confunde mais com os signos da rememoração, àquela margem em que a antiguidade, por exemplo, de Ancona ou de Bolonha, funciona como uma massa fílmica cuja luz seria ao mesmo tempo interior e exterior, pessoal e pública. Não seria o caso, é evidente, de classificar as lâmpadas da Itália, mas o que vem com elas se tornar evidente é que é o inclassificável que ilumina o classificado, é que, em toda parte, e até numa propícia inadvertência, é o inclassificável que, assim, mantém o ser urbano em sua verdade. Essa qualidade destacada aqui para a iluminação poderá ser reencontrada um pouco em toda parte, naquelas formas oblíquas feitas pelos engradados de frutas e de legumes das mercearias abertas à noite em Paris, em bricolagem de fundo de pátio, em encontro de vasos de flores, e de maneira mais geral em todas aquelas escritas espontâneas sobre as quais a vigilância dos guardiões do signo arquitetônico não tem influência. De que são feitas tais escritas, de onde lhes vem essa qualidade que o *flâneur* transforma em butim amovível e cambiante? Pode-se responder sem temor que ela lhes vem dessa cultura urbana não oficial – uma cultura, e não um produto cultural, uma vitalidade, e não um folclore repertoriado e reproduzido como tal.

É evidente que arquitetos ou paisagistas não têm, tampouco aqui, que imitar essa cultura espontânea. O que podemos, contudo, pedir a eles é que a levem em conta, que a incluam como estando por vir em seus projetos e ainda que a respeitem quando ela estiver aí, quando, graças a ela e aos poros ínfimos que ela multiplica no tecido, o passado tornar-se "passado simples", tão somente o que ainda está aí, de cujo lado vivemos, envelhecendo como ele. Ali onde a cidade penetra em nós e se confunde com a própria textura de nossas lembranças, não há mais nada senão a rede complexa e ramificada de uma apreensão caprichosa e móvel, que ricocheteia entre o incidente e a norma, entre a surpresa e a repetição, que confunde num único rumor o passado depositado em camadas e o ar do tempo, às vezes tão vivo, em que esse passado, justamente, cantarola.

NOTAS

1 Felizmente, essa limpeza já tem um tempo e parece-me que a cidade de Uzès voltou um pouco a ser ela mesma (nota de 2012).

2 Ver nota 9, p. 91. (N.T.)

3 Wolfgang Schivelbusch, *La Nuit désenchantée* [*A noite desencantada*], Paris: Le Promeneur, 1993.

O CHAMADO DOS BASTIDORES

O chamado dos bastidores (*L'appel des coulisses*) foi publicado no nº 1 da revista *Lumières de la ville* (1989).

Corredores, escadas, vestíbulos, portas, o lado do pátio e o lado do jardim, assim como o bombordo e o estibordo de um cargueiro, escritórios, camarotes, a sala de maquiagem, uma máquina de café com cadeiras em volta, caixas, um espaço indeterminado, uma passarela, cabides, armários, um acessório solto, redes de cabos, maquinistas meio escondidos assistindo como clandestinos um jogo na TV, extintores, luminárias, a saída dos artistas, a cafeteria ou o bar, uma máquina de lavar, a reserva dos figurinos, os bastidores... O teatro, o edifício que tem por finalidade, como se sabe, a representação de espetáculos num espaço específico, composto de um palco e de uma sala, parece, quando trabalhamos nele, viver e girar em torno desse espaço, como um labirinto que sempre acabaria terminando no tablado, mas que se atrasaria, mas que lançaria em torno dele os espaços de uma outra deambulação, autônoma.

Se a vida, toda a vida do teatro deve, ao fim e ao cabo, se condensar num único ponto do espaço, num movimento das mãos, num movimento dos lábios, tudo se passa, contudo, para que, uma bela noite, possa haver, enfim, a magia dessa focalização absoluta, como num dédalo trançado em torno dela e para ela, mas que vive de sua própria vida, inclusive durante as representações, momento em que tudo gira em torno do palco como uma velha senhora silenciosa, atenta, cheia de gestos furtivos, de murmúrios. E é uma alegria quando, em função de um trabalho, temos o privilégio de poder circular à vontade nesse dédalo ao mesmo tempo que, numa zona reservada, dotada nessa hora dos traços de um espaço sagrado que o resto do espaço, na penumbra, protege com solicitude, os atores tornam a peça viva, encarnando-a. Decidimos, então, vê-los atuar de uma das telas testemunhas (se houver) próximas do palco, ou simplesmente nos contentamos com o *retorno*, esse testemunho sonoro que distribui os acontecimentos da cena por todo o teatro, podendo ir perambular na sala de maquiagem ou pelos corredores, assim como podemos também decidir nos aproximar ao máximo e observar a vinda das coisas desde o avesso multicolorido dos bastidores, ali onde se fazem as entradas e saídas, ali onde a atuação, percebida pelos lados ou por trás, dá para o buraco negro da sala e para a forma, sempre tão surpreendentemente perceptível, da atenção que a habita ou a deserta. E sonhei, decerto como muitos outros, poder um dia apresentar isso não numa narrativa, mas no próprio palco, invertendo o jogo das aparências. A esse pirandellismo objetivo, que a menor luminária no menor recanto parece convocar, desejaríamos poder prestar a homenagem de uma forma que permitisse passar para o palco tudo aquilo que, num emprego genérico, tensionado ao máximo de sua ressonância, o termo de bastidores faz ouvir e germinar: não apenas os próprios bastidores, o que está por trás da cena, o *backstage* dos ingleses, mas também o que está acima, abaixo e em volta, em suma, tudo o que faz, para quem trabalha nele, com que um teatro seja um teatro.

    Representação, como se sabe, é uma palavra de sentido folheado que vai do teatro, no qual sua referência é precisa – no teatro, a representação está sempre em ato –, ao discurso filosófico e estético, no qual ela diz respeito, em particular para a arquitetura, ao que poderíamos chamar de uma representação depositada. Ora, parece-me que, para caracterizar a cidade, o teatro, no sentido do edifício complexo e vivo a que acabo de me referir, é um bom recurso. De fato, a cidade, que é considerada o lugar por excelência da representação arquitetônica, mais do que a um palco propriamente dito, corresponde na verdade a algo que seria da ordem da efetividade do teatro: um infinito de bastidores, um dispositivo *em torno* da representação. Trata-se daqueles "bastidores de pedra pelos quais passamos", reconhecidos por Benjamin;[1] para além da metáfora, porém, aparece uma identidade dinâmica fundamental. Enquanto tudo o que está ligado à representação se situa por si mesmo no seio de esquemas imóveis ou emoldurados, o que está ligado ao aquém ou ao além da representação se estrutura de saída a partir de sequências cinemáticas, ligadas à marcha mais do que ao olho: *passamos* entre bastidores, deslizamos entre sombra e sol, estamos no dilatado ou no compactado, no extenso. O palco, ou o que seria seu equivalente no espaço urbano, é apenas uma estase, uma estação no meio de um desdobramento complexo de circulações, de serviços, de atalhos, de passagens. Será, é o mais evidente dos exemplos, uma praça na qual se desemboca (a praça do Campo, em Siena, ou a praça Stanislas, em Nancy), ou será ainda uma fachada que quis fixar por um instante em si todo o movimento da rua (e muitas vezes as fachadas dos teatros clássicos são assim, tornando-se palco diante de si mesmas, como o Odéon em Paris, o teatro Graslin em Nantes, o Grand Théâtre de Bordeaux etc.). Na cenografia urbana, o palco, ou o que faz representação, é como uma pausa na imagem, como uma cesura no processo labiríntico do tecido. A marcha se imobiliza, é como se o corpo tomasse consciência de fazer parte de um dispositivo óptico que o integra e que substitui por um tempo o sistema portátil, móvel e escandido, o sistema dinâmico de tudo que o cerca.

A cidade é, de fato, um espaço para a representação, mas em cujo interior os locais da representação propriamente dita são raros e acima de tudo disseminados no seio de uma imensa rede de vias e de serviços em que o teatro não intervém mais a não ser de maneira discreta e quase improvisada. Se a rua deixa a praça como uma saída deixa o palco, o subúrbio, por sua vez, deixa a cidade: sistema de bastidores centrífugos infinitos, teia gigantesca que abre suas malhas, aqui ou ali, para alguns espaços quase cênicos – assim aparece a cidade, tensionada entre o que a convoca para o entorno de seus centros e o que a trama como uma rede estrelada.

Essa oposição, ou melhor, essa complementariedade ativa entre palco e bastidores, vem corroborar, como logo se vê, oposições clássicas do discurso arquitetônico e urbanístico. Função e símbolo, monumento e tecido, os paradigmas se alongam por si próprios, mas um esquema pode ser suficiente:

PALCO ⟷ BASTIDORES
SÍMBOLO ⟷ FUNÇÃO
MONUMENTO ⟷ TECIDO

Os esquemas são apenas uma espécie de dispositivo que projetamos por um instante para fixar uma moldura que a reflexão poderá depois adaptar e até mesmo contestar. Legiões de torsões, de casos particulares, de hiatos se preparam para tomar de assalto a pequena fortaleza, que já está cedendo: e a reserva, aqui, é de porte, ela corre na cidade, define a cidade. Sob nossos passos, a cidade de fato tornou-se a potência que inverte o tempo todo a oposição entre forma e função, entre palco e bastidores. O que acontece aí, que foi por muito tempo preparado e que a transformação do espaço urbano no século XIX instalou de vez, é essa inversão que vê a função se ornar com os efeitos do símbolo e o palco ou os supostos locais da representação se fracionarem e literalmente partirem ao longo dos bastidores. Multiplicação das expectativas frontais da fachada pelas vias de comunicação, *boulevards* que se tornam a plateia extensível de um teatro flutuante, grandes objetos funcionais, como as estações, alçadas à condição de monumentos, lógica de *travellings* sugerida pelo tráfego, pelo aumento das velocidades e das distâncias, consciência de si da multidão, consciência das quantidades – tudo concorre para efetuar essa inversão. É como se a cidade inteira, tomada por um transe simbólico, repelisse para seu entorno, para a periferia, o domínio da função pura, sem efeitos nem afetos, enquanto os espaços funcionais que ela integra se veem transmutados, ao contrário, em signos urbanos, reconhecidos e desejados como tais.

A cidade não se representa mais apenas no que a governa, a domina ou a diverte (o palácio, a igreja, o teatro, os passeios), mas também no que a alimenta e faz viver (a estação, o hotel, o mercado, o próprio edifício). De um ou vários palcos estáticos organizados no calmo retiro da perspectiva, passamos à trama infinita de recortes agitados que fermentam junto atores, espectadores e maquinistas, que diluem a frontalidade e o jogo das figuras em elongações, sequências, *fondus enchaînés*. Enquanto o espaço da representação clássica sugeria uma duração-suspensão quase pictórica da percepção da arquitetura, é a lógica de uma arte nova, a do cinema, é a lógica da montagem que se apodera da cidade moderna, a estira e a tece. Longe de ser abolido, o espetáculo se torna permanente, tomado num devir de facetas que ele ricocheteia umas contra as outras.

É nesse contexto que a *passagem* se torna – mesmo que não seja generalizada – o tipo urbano por excelência e assume como tal o papel de forma simbólica da primeira modernidade. Ali mesmo onde Benjamin recolhe a fonte de sua grande metáfora, a passagem se decreta em primeiro lugar como forma, ou tipo: fratura decisiva e decepção da frontalidade, mais do que tudo a passagem *passa*, faz passar, troca, lubrifica. Cavada no sistema extensível, mas logo saturada com as fachadas que se formam em fileiras, ela só tem, como filha de sua época, a mercadoria a oferecer. E se muitas vezes ela o faz numa encenação suntuosa, o que importa é que o teatro dessa encenação sejam os próprios bastidores, a pista para *flâneurs* que atravessa e escoa a representação ao desdobrá-la como um acordeão visual.

Esse espaço montado, ou da montagem, essa sequência de escamoteações, é o espaço da cidade moderna, da cidade que nos foi legada pela modernidade, esse conceito baudelairiano, contemporâneo da era industrial e da era da mercadoria, de que Benjamin, mais tarde, extrairá todas as harmônicas, mas que é anterior, convém lembrar, ao que mais além se instituiu e proclamou como moderno no seio do "movimento moderno" e, portanto, do século XX. É nessa diferença entre a modernidade objetiva da metrópole e o desejo de modernidade da arte moderna que se configurou o drama arquitetônico de que somos hoje os herdeiros. Se a cidade babilônica da revolução industrial (Paris e Londres em primeiro lugar) talvez tenha destruído para sempre as repartições clássicas que regulavam as relações entre função e símbolo, entre palco e bastidores, isso não impede que o movimento moderno, apesar do plano livre, apareça, ao longo das diversas pistas que o fizeram surgir, como uma vontade de redistribuição dessas repartições e como uma vontade assombrada pela nostalgia da clareza e da hierarquia. O que se modela e se determina, por meio do desaparecimento do ornamento e para além dele, acaba resultando num estilo autônomo dotado do valor de alfabeto internacional, mas as frases declinadas a partir desse alfabeto, em compensação, só lograram acreditar em sua autonomia ao se desembaraçar de todo laço com a morfologia urbana e ao idealizar a função, desembocando, via zoneamento, num verdadeiro idealismo funcional. De tal modo que nos vemos no plano de uma *tabula rasa* que dá à luz objetos que não conseguem escapar da solidão.

A "máquina de habitar" sem dúvida representa o máximo visível desse desvario grandioso e devastador. Esvaziada de todo laço com o contexto e isolada numa função reduzida a um esquema normativo caricatural, a moradia, elevada à pretensão de fazer contexto por si só, se torna objeto, monumento da função idealizada e *símbolo* de arquitetura. Dessa vez, não é o palco que é deslocado, folheado, recolocado em causa, é o conjunto do dispositivo palco/ bastidores que é eliminado. O movimento moderno, que extraiu a arquitetura da cidade para devolvê-la a ela, entrega-lhe apenas uma arquitetura que a nega em seu princípio e que se enfeita, como tudo o que o isolamento irrita, com todas as virtudes curativas. Temos, portanto, esse paradoxo de uma era de ouro da forma que excluiu de seu programa todas as formalidades da tessitura urbana. Jamais a distância tinha sido tão grande. Mais do que falar de pós-modernismo, talvez fosse preferível encarar a tarefa da atualidade como uma nova dobra, como o que viria pousar com suavidade a herança formal do movimento moderno sobre a herança urbana da cidade formada. Isso é possível, como se pode ver de tempos em tempos.

Como toda periodização, a que faz com que a autonomia sonhada da arquitetura (o movimento moderno) suceda à autonomia efetiva do fato urbano (a cidade-metrópole iniciada no século XIX) põe o acento em tendências dominantes, em inversões estatísticas atravessadas, de um lado, por nuvens de atrasos, de permanências, de avanços e, de outro lado, por diferenças locais: a questão da "regulagem" do movimento moderno sobre a cidade não se conta da mesma maneira em Nova York ou em Paris, não se conta, aliás, como um único fato maciço: ali onde Mies van der Rohe opera com toda *finesse*, Gropius mantém uma mão pesada. De todo modo, porém, a teoria tem que encarar a massa, antes de vê-la, em seguida, fracionar-se, esvair-se em filões, em estratos. A outra via descritiva será a da focalização, do exemplo – projeção de uma única imagem, mas que faz foco. A que produzirei aqui, que é romana, é bem anterior a qualquer problemática moderna ou pré-moderna, uma vez que se trata da maneira como a Igreja Santa Maria della Pace, de Pietro de Cortona, concluída em 1655, age no espaço urbano que a cerca.

De um lado eu precisava, para qualificar a problemática palco/bastidores, voltar à época que a constituiu, de outro lado, e sobretudo, fica claro que os exemplos de equilíbrio inscritos em linguagens formais datadas são dotados de um alcance estrutural que as ultrapassa em muito: em outros termos, eles são suscetíveis de produzir para o imaginário arquitetônico uma tipologia de soluções reconversíveis. Assim, a igreja de Pietro de Cortona "clica" num paradigma em que podem se suceder as entradas da Grande Estupa de Sanchi, na Índia, os acessos da fonte de Pirene, em Corinto, o claustro da catedral de Barcelona, que é como um anexo da rua, as *traboules* de Lyon e as passagens em geral, ou ainda a "rua" que atravessa o hospital de Pierre Riboulet em Paris e que ele concebeu como seu eixo. O que quer dizer que não se trata de um "museu imaginário" da arquitetura, mas de algumas das variantes possíveis de um tipo que, justamente, a igreja romana de 1655, surgida, contudo, em plena era da representação, exemplifica.

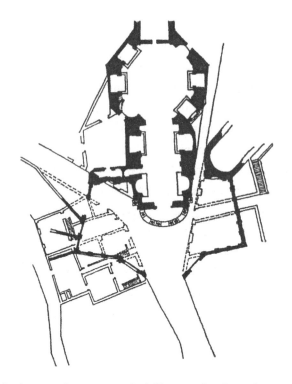

Planta de situação de Santa Maria della Pace, de Pietro de Cortona em Roma (em Rudolf Wittkower, *Art et architecture en Italie, 1600-1750*, Paris: Hazan, 1992).

No arabesco de ruas que fica atrás da Piazza Navona, rumo ao oeste, do lado que parte na direção da curva do Tibre, a Igreja Santa Maria della Pace ocupa todo o fundo de uma pequena praça que ela parece encerrar como uma cortina de palco pintada em *trompe-l'oeil*. Mas essa frontalidade, ampliada pelo efeito de estuário da rua que termina na praça, é, no entanto, duas vezes recusada. Ela o é, em primeiro lugar, pelo modelado da fachada, caracterizado por uma saliência em semicírculo sustentada por colunas e colocada entre duas alas côncavas, em outras palavras, por um jogo de curvas que suaviza a ressonância espacial enquanto reúne a tensão numa inversão inesperada e controlada, que convida e se esquiva ao mesmo tempo. Ela o é em seguida, e de modo muito mais secreto, pela existência de duas passagens dissimuladas nas alas (só se pode vê-las no último momento) que, como portas que deveriam logicamente desembocar na igreja, conduzem de fato a ruas que a contornam. À surpresa do efeito de arquitetura oferecido pelo próprio edifício, logo sucede a de um *trompe-l'oeil* urbanístico que transforma o monumento numa malha lúdica do tecido.

Mas o que *engana o olho* confirma o passo em seu movimento, e poderíamos falar, a propósito de Santa Maria della Pace, de uma frontalidade *desiludida*, não enganada por si mesma e, portanto, crítica. O que exulta é a maneira como o edifício, que tinha plena licença para decretar-se solenemente no fundo da praça, se esquiva numa espécie de *faena* para se transmutar num elemento de redistribuição e de troca. O palco é um falso palco, ele se faz vestíbulo e bastidor, é como se, depois de atrair o passo e o olhar, a fachada de repente se arrumasse de lado para deixar passar o visitante e levá-lo, como num jogo de esconde-esconde, à verdade do labirinto. O efeito é ainda mais bem-sucedido na medida em que a igreja fica fechada a maior parte do tempo, e a evolução do bairro (aparecimento de restaurantes e bares que, sem serem "da moda", ao menos perderam o caráter popular e improvisado que ainda era a regra em outros tempos) não afetou sua eficácia. Sentimo-nos ali tanto quanto quisermos o rato de um gato que seria o edifício, e a alegria de escapar dele é tão grande que refazemos a experiência várias vezes por amor a ele.

Se existe aí, como mostram as evidências, algo de propriamente barroco, que pertence de pleno direito ao regime de curvaturas, de impulsos e de armadilhas pelo qual teve que passar o ponto de fuga, e se Santa Maria della Pace, em seu domínio dos movimentos insinuados, faz pensar na música do tempo, ou naquela, um pouco mais tardia, de Pergolesi, a experiência, contudo, não se reduz à de um momento formal que estaria depositado, intacto, na cidade-catálogo. A história espacial que vem com o que foi pensado por Pietro de Cortona é uma história ativa, que se encaixa com exatidão concertante ao passo de quem a atravessa e, aqui como alhures, *são os passantes que fazem a arquitetura*, poderíamos dizer apropriando-nos da célebre fórmula de Duchamp. Mas é preciso ainda que a arquitetura se abra para esse passo que só a contempla ao animá-la, é preciso ainda que ela invente essa passagem para esse passo que a faz. Bem diferente, nós o sabemos, pode ser a arquitetura, bem diferente pode ser o peso do habitar e dos discursos sobre a presença e o lugar que o sustentam.

Habitar não é jogar, erigir não é jogar. Jogar é viver, atravessar, partir, voltar, é, enfim, habitar também, habitar ainda, mas no seio do grande jogo de um espaço de cartas embaralhadas, de um espaço de telas, de brechas e de folhas, de um espaço aberto. A cidade dita ao arquiteto o espaço aberto, vivo e rasurado que o passante virá ler. O aberto, que é também uma categoria filosófica última, não se reduz, bem entendido, a aberturas tão discretas quanto as das passagens esquivas de Santa Maria della Pace, mas ele passa por elas como passa por toda parte onde foi cultivado e desejado. Uma clareira se abre na floresta para renovar a floresta, e a própria ideia de cidade é de que nunca uma árvore oculte a floresta, de que nunca, tampouco, a clareira seja um mero corte, claro ou escuro. A cidade é uma rivalidade entre fustes e luzes, uma rivalidade entre *alamedas*.[2] Uma alameda é o que vai, se vai, o que se foi, partiu, e partir cai bem à arquitetura, lhe cai bem como a luva da *mão feliz* que ela poderia ser e que por vezes é. "Fazer em toda parte o trabalho da clareira" (a expressão é de Henri Gaudin), como o fez em seu tempo Pietro de Cortona, é intervir em cheio no hiato que separa a imposição da arquitetura da proposta urbana, ou a proposta da arquitetura da imposição urbana, e resolvê-lo.

Essa resolução, que é elegante e quase desenvolta no espaço de todo modo homogêneo da Roma barroca, torna-se sem dúvida problemática nas redes disjuntas das cidades de hoje, mais de três séculos depois. O desafio, porém, com a disjunção, a fragmentação e a ausência de herdeiros do tecido, permanece, no fundo, o mesmo. É por isso, aliás, que nunca é apenas o prazer do passado como tal que vem com o estudo das obras e das soluções antigas. Mais ainda, seria possível que a massa enorme dos subúrbios periféricos, na qual nem a arquitetura nem a urbanidade puderam se realizar, se torne o próprio terreno de experiências e de obras de remodelação que as levariam a convergir. Se os subúrbios são os bastidores da cidade (seu depósito, sua reserva, seus rascunhos), então é preciso que eles de fato se transformem nesses bastidores, é preciso que eles bordem.[3] Toda uma lógica de encaixes, toda uma ciência do folheado, do exergo, do vestíbulo e da chicana, do parágrafo e do *enjambement* ficam aqui por inventar. O devir-cidade da periferia não deve ser compreendido como um processo mimético que teria por finalidade trazer a periferia para a cidade, dobrá-la à força a traços comuns, mas como uma panorâmica que faria entrar em contato o fora do campo com o campo, numa transição perpetuamente tensionada.

NOTAS

1 Ver nota 7, p. 91. (N.T.)

2 Em francês *"allée"*. O autor explorará em seguida a ambiguidade do termo, que significa também "ida", substantivo formado a partir do particípio passado do verbo *"aller"*, "ir". (N.T.)

3 Em francês "coulisser", verbo formado a partir do sentido primeiro de "coulisse" ("bastidor"): caixilho de madeira para bordar ou pintar. (N.T.)

O PRÓPRIO
DAS CIDADES

O próprio das cidades (*Le propre des villes*)
foi publicado na primeira edição de *La Ville
à l'œuvre* (Jacques Bertoin éditeur, 1992).

Cartagena, *Cartagena de las Indias*: um nome, o nome de uma cidade sobre a Terra, e esse nome, como todo nome de cidade, de montanha, de lugar-dito,[1] antes de ser um *aqui* (se estamos ali, se somos dali) é um *lá*: um motivo de devaneio, um tufo de ideias que fazemos, de imagens que imaginamos ou consultamos. A Colômbia, com sua violência endêmica, as Caraíbas, a música, uma rua, uma praça, as varandas, o sol, um pátio cheio de árvores e de pássaros, um barracão de zinco à beira de uma água turva... tudo vem, ou quase, trazido pela literatura (García Márquez, Mutis), pelas narrativas de viagens (Humboldt e Bonpland, mas também Élisée Reclus e Charles Saffray) e até mesmo pelas fotografias dos guias e das agências. Depois chega um dia em que vamos para lá e todo o tufão confuso do "lá" se apaga, se evapora em pequenas fumaças invisíveis. Restará apenas um vapor. O real dá o sinal, como ele sabe fazer, sem ruído e certo de sua vitória: é lá, é assim, semelhante, diferente.

O aprendizado começa, a lembrança engrena. Mas o nome, o que fez vir, o que fez sonhar – a cidade colonial intacta, a província crioula e suas sestas lânguidas –, se ele recobre bem toda a cidade, só designa de fato o núcleo original: Cartagena, hoje, é ao menos três cidades. A cidade antiga cercada de muralhas e o bairro de Getsemani apertam, como um alicate, o Muelle de los Pegasos, como é chamado o velho porto. A cidade turística moderna estende seus hotéis de luxo e seus edifícios à península de Bocagrande, que um quartel vigia como um ferrolho. E, enfim, aquela que não hesitaríamos em chamar de a verdadeira Cartagena se tudo não fosse igualmente verdadeiro: um conjunto de bairros encostados no plano complexo das lagunas, ali onde vive o maior número de pessoas e onde também os guias desaconselham a ir. Três zonas bem distintas coabitam dessa maneira, com Bocagrande voltando as costas para as duas outras que, cada uma à sua maneira, permanecem ao menos marcadas pelo signo do alhures que tínhamos vindo ver. Um centro histórico, portanto, de puro estilo colonial, uma periferia de bairros semelhante à de outras cidades do terceiro mundo, mas tingida com a tonalidade caribenha, e, enfim, um bairro residencial onde reina a linguagem internacional do turismo tropical. A tripartição de Cartagena nada tem de surpreendente nem mesmo de catastrófico, e é, no fundo, por ser banal que a evoco, para além do prazer dos nomes.

O que Cartagena diz de fato é que a cidade (o que, na cidade, corresponde à espera que está em seu nome) é minoritária no próprio seio do espaço urbano, é que o espaço urbano contém cidade e, também, algo a mais que não é cidade – a menos que se mude o que se entende por cidade, aí reside toda a questão. É espontâneo o movimento que traz a arte da cidade para os centros antigos onde ela se constata e sua falência para as periferias onde ela se desenvolve de várias maneiras (da improvisação das favelas ao caráter ultraplanificado das "cidades novas"). A ideia de que a arte da cidade seja uma arte perdida decorre naturalmente disso. Se essa ideia pode ser verificada pelas falhas mais gritantes do urbanismo, ela comporta, porém, algo de fácil, de altivo e de passadista, assim como repousa numa ideia do lugar (contrária a esse *passe-partout* que se tornou a noção de não lugar) entorpecida e patrimonial. A cidade reúne hoje em seu ser o que a tipifica e o que, sem tipo, permanece anônimo. Contemporâneos, talvez até mesmo cúmplices, são os movimentos que captam o tipo e aqueles que produzem anonimato. A captura do tipo que é o típico serve de álibi cultural e turístico para a atipia que prolifera a partir do "de qualquer jeito" funcional, e é, por assim dizer, automaticamente que se passa da zona abandonada à zona embelezada. Nas cidades francesas do interior, por exemplo, a acumulação de grandes superfícies comerciais e de zonas de atividades na periferia anuncia na prática a rua de pedestres do centro. Maquiada em seu centro e abandonada em suas bordas, a cidade se vê uma vez mais dispersa em seu seio, entregue por inteiro a si própria.

Na verdade, a cidade realmente em ação por si própria está sempre de algum modo abandonada: deixada em paz, voltada apenas para as alegrias do tipo e do nome, nutrindo-se em sua própria essência como num maná. Essa verdade do próprio não é acompanhada de nenhuma sinalização, ela se assinala por si própria e se ouve, como uma língua. E a surpresa, de fato, é que o próprio seja dispersado pela cidade inteira e que apenas em parte corresponda ao que o indica e o recomenda. A assinatura do próprio é livre e sutil, ela acompanha a arquitetura, mas especificando-a ao longo do trajeto como uma sequência sem fim de notas e de trinados, como uma espécie de movimento concertante disperso. Assim, isso é sabido, nas cidades em que o turismo em grande escala curva as suas leis, pena-se, a não ser em certas horas ou fora de temporada, para experimentar o ser próprio delas ali onde, no entanto, os guias o assinalam, ao passo que ele está à disposição em tal subúrbio ou recanto esquecidos. Essa verdade do próprio ao mesmo tempo ricocheteia e resiste, e acontece de a própria periferia usurpá-la ou encontrar um sotaque inédito dela. Cada cidade fala sua própria gíria secreta e contém em si uma cidade clandestina que a trespassa em malhas disseminadas cuja trama é reconstituída pelo *flâneur*. Quem nunca entrou num pátio nada saberá de Paris: aqui, o romance se desdobra sozinho e sobe os degraus de uma escada de serviço exaurida de água sanitária para acabar, através das lucarnas, na divisão dos telhados.

Mas entre as passagens que são condenadas e as quadras que são destruídas, entre a disneylandização dos centros (esses horrores que são os trenzinhos e a sonorização das ruas de comércio) e as caixas de sapatos das periferias, parece, apesar de tudo, que a tendência dominante ainda é a da reificação ou da destruição do tipo. As formas do tipo – que são o que o define – são diferentes em cada cidade, e os problemas que se colocam em Cartagena decerto não são os mesmos que existem em Florença, assim como a questão dos subúrbios não se coloca da mesma maneira em Paris ou em Bogotá, em Moscou ou no Cairo. Entretanto, em quase toda parte da Terra, com diferenças de indignidade, de cinismo, de violência, existem casas que não são casas, ruas que não são ruas, espaços que nada mais tentaram no espaço além de sua ocupação. E sabemos que nessas zonas se reúnem as massas humanas mais numerosas, as mais pobres.

É na escala dessa tormenta quantitativa sem precedentes que se coloca a questão da cidade, e até mesmo a do território como um todo. Em toda parte, com todas as diferenças de situação e de nível de vida, com todas as diferenças na maneira como se escreveu a História, essa questão pode ser definida como a de uma despossessão generalizada, de uma falta quase universal.

Uma cidade que coincidisse por inteiro com seu próprio nome, que fosse abandonada o bastante aos seus habitantes para não abandonar nenhum deles à desorientação, e que, roída, talvez até a corda, também tivesse a força de sempre voltar a se retensionar – uma cidade como essa talvez nunca tenha existido, a não ser (e isso seria o motivo de um outro desenvolvimento) em certas ocasiões excepcionais, em certas cesuras da História vividas por todos como uma libertação. Entretanto, essa cidade inteira e por inteiro entregue aos seus habitantes nos é o tempo todo apresentada em fragmentos pelas cidades tal como são; além disso, a utopia que ela reúne – que é também a de uma realização democrática integral – é o único tensor possível de qualquer "política da cidade" que queira outra coisa que não uma manutenção angustiada ou uma prospectiva beata.

A própria espontaneidade com que nos voltamos para grandes traços urbanos do passado a fim de extrair deles as figuras moduláveis de um devir-cidade atual, tensionado para o bem viver, não deve nos fazer esquecer – e o caso de Cartagena, cidade *colonial*, é aqui bastante eloquente – que esses traços vêm de sociedades dominadoras e violentas. A célebre observação de Walter Benjamin sobre os monumentos da cultura que são também documentos da barbárie se aplica antes de mais nada às obras da arquitetura. Das primeiras cidades mesopotâmicas a Nova York ou a Hong Kong, são sempre os recursos – inesgotáveis! – da troca desigual que fizeram as cidades tal como são. Antigo é o laço da arquitetura com a tirania, antigo também é o buraco que a ágora abriu na tirania. A ágora, espaço vazio mantido como um fiador no centro do erigido, era, é claro, uma forma urbana (é, inclusive, a fundação da forma propriamente urbana), mas era também tudo o que dela partia pelas ruas, no espaço público, como chuva de falas joviais ou amargas. Esse fluxo de falas, liberado pela cidade e que se torna murmúrio de revolta quando a cidade pretende se fechar sobre ele e lhe tolher a energia, aparece ao final como propalação da própria cidade: não a grande narrativa escandida de sua formação, e sim a capilaridade de mil e uma narrativas, o *work in progress* de seu tom.

O tipo, o que poderia tipificar o próprio, não é uma soma de traços, um repertório, é o que, à escuta desse tom, se põe no estado de reencontrá-lo e propagá-lo. Uma recepção e um envio, nunca um recuo.

NOTA

1 Ver nota 6, p. 78. (N.T.)

FIM DOS DORMITÓRIOS?

Fim dos dormitórios? (*Fin des dortoirs?*) foi publicado na primeira edição de *La Ville à l'œuvre* (Jacques Bertoin éditeur, 1992).

A construção abundante de habitações idênticas, destinadas a abrigar camadas inteiras de população excluídas das zonas residenciais ou dos centros urbanos, não constitui um fenômeno recente. Os bairros operários e a estandardização das células de habitação se desenvolvem, de fato, desde o século XIX, sob formas diversas. Eles acompanham o desenvolvimento do capitalismo como sua sombra, eles são a própria sombra que incide sobre o perímetro das cidades ao contato dos implantes da revolução industrial. Como tais, eles formaram o território dos operários e constituíram a primeira era da periferia.

O período que se segue à Segunda Guerra Mundial marca, no entanto, uma virada decisiva e vê o advento de uma segunda era. As destruições imensas, e às vezes totais, resultantes da guerra abriam, se podemos dizer assim, as condições para uma reconstrução orientada e pensada de maneira nova. Se a reconstrução de maneira idêntica pôde prevalecer nos centros históricos (onde, também com frequência, se tentou uma espécie de neoarquitetura), foi, em compensação, uma forma inusitada de concentração que se experimentou e se disseminou depois nas periferias. Mesmo que seja possível encontrar seus antecedentes, o *conjunto habitacional* enquanto tal, ou seja, enquanto fato massificado que implica quantidades de população e extensões de território consideráveis, pode ser tomado como o produto típico de uma segunda era da periferia, que hoje está terminada ou que ao menos coabita com os efeitos de uma terceira era, em cujo seio o mundo se uniu à Europa.

Por mais cínicos que possam ter sido os programas de construção da revolução industrial, jamais, no entanto, eles assumiram a escala que, de saída, foi a do conjunto habitacional formado por torres e edifícios em fita. Jamais, no entanto, eles haviam rompido com a escala da quadra e da rua. É o conjunto habitacional, a *"cité"*, que realiza o desaparecimento da rua como eixo organizador do tecido social. As quadras espontâneas ou formatadas que se propagam ao longo das patas de aranha extensíveis dos subúrbios dão lugar à *cité* isolada constituída de fitas, de torres e de zonas verdes.

Rápida, planificada, econômica e modular, a solução do conjunto habitacional parece, sem dúvida, bastante apressada. Entretanto, longe de ser uma simples resposta precipitada ou concebida na urgência para enfrentar uma extensão urbana galopante, essa solução, cujas consequências desastrosas se confirmam a cada dia, foi, ao contrário, pensada e vivida como um novo padrão e avançou acompanhada de uma constelação de argumentos que fazem dela um verdadeiro nicho ideológico. Acolhida tanto pelos programas construtivos do liberalismo quanto pelos da social-democracia e do socialismo totalitário, essa ideologia de essência racionalista e higienista provém, no que toca ao essencial, de uma crítica à cidade em que se combinam de maneira paradoxal e eficaz os esquemas reativos do pavor da metrópole "babilônica" e os fundamentos de um pensamento arquitetônico e urbanístico coerente e planificado, no qual as acentuações progressistas se sublinham por si próprias em meio a uma espécie de febre de edificação. Edificar sobre novas bases e tornar-se edificante eram uma única e mesma coisa, essa arquitetura em liquidação se queria produtora de virtudes. Longe de ser uma simples restrição econômica, a construção modular de habitações em série foi antes de tudo pensada e proclamada como uma revolução e como um saneamento do modo de vida. E é estranho pensar que em plena guerra fria, de ambos os lados do muro que separava o mundo em dois, os mesmos tipos de construção, exceto por alguns pormenores, e os mesmos esquemas de urbanismo tenham vindo à luz.

A separação de funções constitui a pedra angular do edifício teórico e prático assim formado. Essa separação, proposta antes da guerra pelos Ciam,[1] que proclamavam sua urgência, tornou-se mais tarde de fato institucional. O que foi então instituído, espalhado, foi o que chamamos, e a palavra é tão assustadora quanto o que ela designa, de zoneamento. Ali onde se morava, ninguém trabalhava, e o "lazer" também ficava em outro lugar, obrigatoriamente. A divisão Trabalho/ Lazer/ Sono (calcada tão somente nas necessidades do trabalho – lazer e sono sendo apenas o espaço e tempo concedidos à reconstituição da força de trabalho), transferida para o plano da cidade, conseguiu, assim, transformar as habitações em meros dormitórios e as vias de comunicação em meros conectores de funções, e numa escala que, de qualquer maneira, era a escala do automóvel. Ao negar, na realidade, o caráter compósito do tecido urbano, ao criar glebas de zonas especiais disseminadas, privadas de qualquer relação com os centros e incapazes de se constituir elas próprias como centros, só se conseguiu eliminar do tecido a complexidade de ramificações que nele insuflavam a vida.

Seria inútil, entretanto, no próprio contexto da crise aberta das *cités*, negar ou esquecer o que os conjuntos habitacionais de início trouxeram, num contexto bastante diferente. Ainda protegidos dos efeitos colaterais que produziriam mais tarde e que só se revelariam com o uso, eles apareceram por um momento como realizações, até mesmo como conquistas: à insalubridade eles opunham o discurso claro da água corrente, de um certo conforto e do ar livre. Ora, esses são os elementos, datados, sem dúvida, que a crítica da ideologia modernista-tecnicista deve levar em conta: se pensamos – e como poderíamos pensar de outra maneira? – que alguma coisa fracassou ou se perdeu, é evidente ao mesmo tempo que a nostalgia não pode ser a da insalubridade. Sem querer livrar de modo algum os que pensaram e quiseram isso, seria melhor, mais do que se dedicar a uma caça às bruxas, interrogar-se sobre as razões daquilo que devemos pensar como um erro civilizatório. Contudo, quaisquer que sejam os argumentos ou as reavaliações, é fato que estamos diante de um desastre, e que ele exige reparação.

A destruição espetacular de torres e fitas, vista de longe, pode mostrar-se como uma reparação simbólica, como um gesto pelo qual o mundo admite seu fracasso. Vista de perto, ela consiste, ao contrário, num gesto ao mesmo tempo violento e inconsequente, que repele o problema sem superá-lo e que, no mesmo movimento, nega a própria possibilidade de constituição de uma memória ali onde ela já tanto pena para surgir e onde só consegue se constituir no desamparo. Não nego que o desaparecimento deste ou daquele prédio, quando se trata de reformar a cidade, seja necessário e justo, mas parece-me que prevaleceu, na publicidade dada a essas operações de destruição, mais a admissão de uma impotência do que a decisão de uma renovação.

As carências da *cité* são evidentes e gritantes. Os traços desfigurados de uma vida social compartimentada pelo zoneamento são legíveis e claros, e é por isso que é natural que tudo que não ataque a raiz da coisa, que tudo que venha apenas reabilitar seja apenas uma solução paliativa ou um tapa-buraco. Além disso, é na escala da cidade inteira, na medida em que ela é um corpo, na medida em que centro e periferia fazem (ou deveriam fazer) corpo, que o problema dos subúrbios deveria ser encarado. Se ele é, de fato, localizável (e aí também administrado por zonas), esse problema não deixa de ser global, ele diz respeito a todo o ser da cidade, em cujo seio, aliás, ele se dissemina. O que podemos ver e verificar amplamente é que, em toda parte onde zoneamento e compartimentação não triunfaram, uma vida se mantém, e essa vida, de uma misteriosa resistência, é constituída, antes de tudo, por pequenos pontos de ancoragem de fluxo, de reunião, pontos que conectam. Conectar e reunir, fazê-lo de maneiras díspares, é esse o ser próprio daquilo que deveríamos chamar de *função urbana* – uma função que é autônoma e que é superior a todas as funções que ela agrega, uma espécie de hiperfunção complexa e unificante, que liga núcleo e partículas como uma *atração*. Essa atração – e todos os sentidos da palavra são empregados aqui – tem quase o caráter de um segredo, ela é como uma senha que os habitantes não precisam sequer dizer. É ela que inerva o mistério da tonalidade local, que faz repercutir e ricochetear entre elas as marcas e tomadas através das quais a cidade é percebida como um território, como uma pista em que cada um pode, porque tem o direito e a prática, lançar seus dados. Com seu dédalo de surpresas e de rupturas, com suas alternâncias entre agitação e calma, com sua variabilidade infinita, as composições urbanas bem-sucedidas, onde quer que estejam, aparecem como a visibilidade dessa pista envolvente, qualquer que seja a situação da qual se parta: penso aqui no extraordinário elogio de Sevilha feito por Juan Belmonte em seu livro de memórias,[2] em que ele evoca a maneira como, criança pobre do bairro de Triana, ia à noite clandestinamente tourear os animais que pastavam à beira do rio e *recebia* aquela cidade que sabia ser com magnificência a sua, sem ter tido outro acesso a ela que não o do passo e o do olhar.

A cidade, a máquina que é a cidade ("Uma cidade como uma máquina – figura simples de uma cidade", já escrevia Novalis em sua *Enciclopédia*),[3] pode, portanto, ser descrita como a função que harmoniza as funções e como a alma dessa harmonia, num sentido quase musical. O anfitrião e o visitante, o trabalhador e o *flâneur*, o quarto e a praça, o serviço e o lugar do prazer, o ateliê e o escritório, o correio e o cinema, a estação e o parque, a calma e o barulho, tudo é agregado de maneira similar, num turbilhão de facetas. O que o percurso pode então encadear não é apenas o trajeto que liga uma função a uma outra sem que nada o detenha, já não é o preenchimento neutro da função, é, antes, uma travessia, um caminho que se abre numa massa compósita e viva, viva porque compósita, em que até mesmo certos efeitos de regularidade e de monotonia se inserem como *leitmotiv* no interior de uma só partitura. A rua é o nome da pauta em que essa partitura se escreve, ela é o nome da trama modulável e modulada em que cada ponto do tecido é ligado a todos os outros.

A questão do devir-cidade dos subúrbios periféricos é, assim, aberta e se dá de maneira diferente em cada ponto do território, em cada ocorrência do par centro/ periferia. Se a questão é de fato global, as respostas só podem ser locais e moduladas, elas variam especialmente em função da ausência ou da presença de esboços de tecidos a partir dos quais enxertos são suscetíveis de aceitação. Mas falar de um "devir-cidade" dos subúrbios não é o mesmo que dizer que os subúrbios devem imitar a cidade. Na relação dual entre a cidade e sua periferia, o centro não é um modelo, mas um polo. Não se trata de propagar a cidade em volta de si por meio de sua replicação, mas de produzir em sua periferia, a partir do que existe, chamadas de centro, de recentramento, tensores. Não para "fazer cidade", mas para, de maneira efetiva, produzir função urbana, para qualificar segredos.

Estreitar o tecido quando ele está frouxo, muito frouxo, será possível? Sim, sem dúvida, mas não se pode pretender fazer, com um único gesto e por decreto, um trabalho de tessitura que só é possível resolver em longo prazo, começando por pontos ou por linhas de trama e terminando aqui e ali com algumas frases, para pôr a máquina em ação. E a lógica de tal reescrita é simples, é a do não zoneamento, a de uma dobra do tecido, de uma superposição. Uma lógica de desencravamento e de inclusões, de colagens e de contágios, de misturas.

Um catálogo de soluções seria inútil e decerto presunçoso, na medida em que as soluções só podem ser consideradas em relação a situações e demandas locais. Vemos, entretanto, que um código geral de inclusões é possível e que exemplos poderiam ser tentados, ao menos a título experimental: ligar entre si duas fitas de habitação por meio de uma oficina ou de uma pequena fábrica não poluente, transformar uma torre inteira ou uma parte dela em escritórios, converter um espaço verde indeterminado num jardim de verdade, retomar e consolidar as verdadeiras circulações de pedestre sobrepondo à trama automobilista a dos caminhos que as pessoas fazem, acrescentar serviços, criar espaços públicos variados, do mercado-ágora ao simples abrigo, oferecer às comunidades que vivem nos conjuntos habitacionais meios para viver sua própria cultura não tanto em suas formas instituídas, em especial as religiosas, mas em seus desdobramentos provisórios, festivos ou sazonais, com restaurantes, boates, sem medo do uso de materiais leves etc.

Um projeto como esse, ainda que mínimo, pode parecer utópico: opaco e sólido é o muro de realidades que o condena a estagnar-se na atmosfera confinada de uma esperança elevada. Considerável, por exemplo, é a quantidade de tabus e de obstáculos jurídicos que deveríamos suspender para abrir um restaurante africano entre duas fitas de habitação ou uma oficina mecânica ao pé de uma torre. Significativas (mas nem tão consideráveis) seriam as somas a serem liberadas para iniciar soluções combinadas capazes de superar a simples reabilitação e de criar os pontos ou sequências a partir dos quais o tecido taparia seus buracos criando convocatórias.

É evidente que a questão da periferia e das *cités* não depende apenas de considerações sobre a forma do espaço público, mas essas considerações, quando as levamos ao seu termo, conduzem por si só aos problemas endêmicos de uma sociedade clivada. Nenhuma solução arquitetônica ou paisagística pode enfrentar sozinha o desemprego e o ócio, o racismo e o comunitarismo, isso é evidente. Também é gritante a evidência que conecta esses problemas ao espaço onde eles acontecem: o extraordinário abandono que sentimos, por exemplo, no conjunto Mirail em Toulouse, a algumas estações de metrô de um centro mantido de maneira impecável, fala por si só, ali onde tudo se despedaça contra um espaço sem pontos de amarração, desertado e exposto até mesmo à fome, onde nada, absolutamente nada, vem corrigir ou combater a sensação de degredo.

De tal maneira que, se um pensamento sobre a cidade retornasse de outra maneira que não como uma promessa e fosse tentado, de fato tentado, com espírito de renovação e de *new deal*, logo perceberíamos como a transformação dessas zonas-dormitórios em zonas ativas, com tudo o que isso implica em termos de equipamentos, de transportes e de emprego, desencadearia naturalmente um movimento no qual a questão social se veria não apenas com o direito à palavra, mas com frases a formar e a inventar. Em vez de intervir *a posteriori*, numa corrida perdida por antecipação, os implantes de centralidade e a *vontade de cidade* poderiam se tornar os motores de uma retomada não apenas econômica, mas também da própria vida, ali onde ela permanece sem cultivo ou está abandonada.

Seja por meio de uma inversão cuidadosa dos fluxos migratórios cotidianos (poderíamos ir do centro à periferia tanto quanto da periferia ao centro – essa medida foi, aliás, um dos eixos privilegiados do formidável trabalho feito em Curitiba, no Brasil, sob o comando de Jaime Lerner), seja ainda por meio de reconversões (o abandono de modos de produção poderia deixar de ser acompanhado pelo abandono dos sítios de produção), mil soluções alveolares, federando uma espécie de inclusão dispersa, são possíveis, pensáveis, factíveis. Não se trata de outra coisa, desde então, senão de uma ecologia urbana: não no sentido da ideologia "verde" com suas ciclovias e suas ruas de pedestre, mas no sentido de considerar o organismo inteiro cidade-periferia como um meio que deve fazer mais do que sobreviver, como uma rede complexa de canais emaranhados.

O zoneamento, que decide que porções do território recortadas de maneira mais ou menos arbitrária devem se dedicar com exclusividade a certos tipos de atividades delimitadas, resulta apenas, ao final das contas, na uniformização da paisagem: nada, como se sabe, se parece tanto com uma zona de escritórios quanto outra zona de escritórios, com seus pequenos quarteirões de cubos e de espelhos, suas rotatórias e seus estacionamentos; nada se parece tanto com uma zona comercial quanto outra zona comercial e assim por diante. Deveria ser claro, contudo, que, com suas diferenças de relevo, de vegetação, de clima, de tradição, cada parte do território, mesmo as partes periurbanas, deveria ser considerada antes de tudo, qualquer que seja sua dominante, como uma zona de atividades *concertante*, jogando seu jogo compósito no interior de um conjunto ele também compósito. É apenas em aparência e para mentes de contadores e de policiais que três ou dez grandes unidades são mais fáceis de administrar que mil e uma unidades menores. Uma unidade alveolar indivisa e a velha, a antiga unidade paradoxal do Um e do múltiplo, estão na ordem do dia.

Assim, a hipótese de um "fim dos dormitórios" não é nem isolada nem isolável e se transforma num projeto político referente à existência da comunidade como um todo. O que a existência dos conjuntos habitacionais (ou de zonas residenciais de casas em série) confirma é que habitar não é alojar, é que nem a cidade nem sua periferia podem ser uma simples acumulação de células e de zonas, é que a casa, a "unidade de habitação", é apenas a malha ínfima de uma rede composta e compósita cuja trama liga e aciona todos os pontos. Habitar não é apenar poder estar em casa, no interior de algumas paredes, é poder projetar para além das paredes, entre elas, em seu jogo labiríntico, um processo de identificação e de partilha. A casa não é somente o retiro (que ela pode e deve continuar sendo), ela é também a unidade de base, a unidade comum da expansão: o homem assim retirado-expandido, assim aberto, talvez não seja nem o animal político de Aristóteles nem o homem que habita poeticamente a Terra de Hölderlin, nem a conjunção dos dois, talvez ele não seja sequer o cidadão, mas contém sua possibilidade, sua semente, ele tem diante de si um campo que se abre.

NOTAS

1 Congressos Internacionais de Arquitetura Moderna. (N.T.)

2 Manuel Chaves Nogales, *Juan Belmonte matador de taureaux* [*Juan Belmonte matador de touros*], Paris: Verdier, 1990.

3 Novalis, *L'Encyclopédie* [*A Enciclopédia*], fragmento 1577, Paris: Éditions de Minuit, 1966.

UTOPIA POVERA

Utopia povera (Utopia povera) foi apresentado no colóquio *"Les utopies et leurs représentations"*, em Tóquio (fevereiro de 2000), e publicado num pequeno volume com o título do colóquio por Quartier, Centre d'Art Contemporain de Quimper.

No senso comum, popular, "utopia" cobre uma extensa gama de significados, que vai da designação do impossível ou do quimérico à de um conjunto um tanto vago de construções mentais. Com frequência afetado por uma nuance pejorativa que se condensa no adjetivo "utópico", o termo se descolore até a inconsistência, deixando pairar em torno de si um perfume ambivalente em que se encontram e se separam a ideia de um perigo e a de uma promessa. Por isso, talvez valha mais a pena, para falar da utopia hoje, ou de sua ausência, retomar, antes de qualquer coisa, o que veio se inscrever de maneira consciente sob esse nome no curso da História, mesmo que o tema da utopia, e é isso que eu gostaria de mostrar, deva ser pensado em novos termos.

Aqui se abrem, no Ocidente, duas correntes, dois regimes: um sub-regime que considerarei acima de tudo técnico e um regime principal, que é acima de tudo político. Se o primeiro, apesar de algumas incursões especulativas mais antigas, quase não tem traços anteriores à revolução industrial – é a visibilidade das máquinas e de seu poder que o libera –, o segundo, por sua vez, é tão antigo quanto a aparição do político, já que ele responde à chamada desde Platão, ainda que não seja sob o nome de utopia, mas sob o nome de um continente perdido, que ele aparece. É evidente que os diferentes regimes da utopia não são desconectados um do outro e que, na atividade projetiva do pensamento, qualquer posição de modelo assume de algum modo um valor genérico. Por muito tempo, o culto do progresso servirá de receptor às duas correntes, acolhendo ao mesmo tempo o sonho dos engenheiros e o dos operários. Apesar da realidade da luta de classes, uma mesma linha fundamental colore então as esperanças, a de uma humanidade liberta pela técnica e que domina a natureza. Notemos, entretanto, e isso é importante, que os movimentos utopistas do século XIX, o fourierismo em primeiro lugar, se distinguem dessa linha na medida em que conservam um sistema de referências essencialmente rousseauista: sua paisagem não é a do triunfo industrial, é inclusive contra a grande cidade que eles projetam suas imagens de harmonia.

Na tradição utópica, a arquitetura – domínio em que a proposição de um modelo é um gênero à parte – funciona como uma espécie de foco de irradiação, uma vez que todas as proposições de edifício ou de cidade ideais são acompanhadas de uma proposição social que se refere à sua inovação formal. Mas as distâncias são imensas: assim, se vemos Fourier ou Victor Considerant proporem como modelo arquitetônico do falanstério edifícios que retomam todos os traços e códigos reconhecidos da forma-castelo ou palácio tal como sua época a representava, podemos ver também, inversamente, utopias formais que não se preocupam com teorias sociais. Resta, contudo, que o núcleo daquilo que ao longo do tempo se aparentou à utopia deve ser situado nesse vasto espaço que oscila entre a pura "projetação" de formas inauditas, em que o futuro funciona como mero pano de fundo, e a descrição modelizada de formas de associação ideais, em que o futuro, ao contrário, se transforma em polo. Em ambos os casos, é a habitação da Terra (ou da Lua, ou do espaço), é o modo humano de habitar, que constitui o tema sobre o qual vem se inscrever a variação proposta.

Enquanto o regime técnico da utopia tende à evasão, os modos políticos de projetação da sociedade ideal, por mais longe que se deixem levar em seus recursos à descrição imaginante, permanecem ligados a uma preocupação puramente atual, ou crítica. A *ekphrasis* do modelo que com frequência se oferece ao presente não se esquece de sua origem, num puro "como se": é o estado de coisas, são o marasmo e a desordem do estado de coisas que tornam necessária a visada da utopia. Mesmo que a política resida por inteiro no projeto, ou no debate sobre projetos contraditórios, mesmo que, então, nesse sentido, ela esteja o tempo todo fixada em um por-vir, a forma desse por-vir difere da forma do por-vir da utopia. Enquanto na política a ligação com o por-vir é articulada conforme o *programa*, a utopia, por sua vez, não articula essa ligação, ela propõe essa ligação, ela a dispõe conforme o *modelo*. Para empregar uma imagem, poderíamos dizer que enquanto o modo operatório do político, em relação ao corpo social, é o da cura, ou mesmo da prótese, o modo da utopia, ou do utópico, consiste na invenção ou na suposição, dadas como possíveis e tentadoras, de um *outro corpo*. A ruptura ou o salto que há entre a atmosfera intelectual do programa e a do modelo ideal, em outros termos, a determinação do limiar além do qual entramos na utopia, não são coisas totalmente fixadas, e acontece, é claro, de a política flertar com a utopia ou de servir-se dela, sob o risco de livrar-se dela assim que sua hora parece se apresentar.

Porém, como regra geral, a política procura regular uma desordem infinita enquanto a utopia faz a aposta em uma ordem finita possível, que postula e projeta o fim da desordem. Foi à determinação dessas ordens que a utopia se apegou e é nesse sentido que podemos dizer que ela é coextensiva ao pensamento, ao menos a um dos modos do pensamento. O pensamento, entre outras coisas, é produtor de modelos. A utopia, que desliza também sobre outros gêneros do pensar (o devaneio, a fantasia), muitas vezes optou pelo modo, que logo se tornaria exclusivo, da produção do modelo ideal. Escapando, assim, ao real, ela é o próprio irracional, além de efetuar um trabalho que pertence propriamente à *ratio*. Ela dispõe a *ratio* ao lado do real, ou diante dele. Sua realização, sem realidade, é um simulacro, uma maquete daquilo que não existe, ou ainda não.

Ora, a questão que nos é posta por nossa época, que é uma época de refluxo da utopia, é a seguinte: *podemos, devemos ainda pensar a utopia segundo modelos ou ideais?* Não haveria outras formas de desvios a se pensar?

Em relação à utopia técnica ou tecnológica, parece que uma era da exaltação foi sucedida por uma era da desconfiança. De um lado, as próprias realizações técnicas foram tão longe que tudo o que parecia estar ligado a um futuro longínquo nos aparece hoje como uma banalidade; é um *tópos* dizer que as realidades que temos sob os olhos ultrapassam as ficções imaginadas por nossos ancestrais. Por outro lado, a massa de preocupações suscitadas pelas realizações do homem orienta o que resta de ficção rumo a cenários angustiados. Mesmo que aqui e ali se mantenham algumas atividades futuristas tranquilamente especulativas, ninguém mais pensa de fato em ligar o que possa advir a uma era de ouro. Aludo aqui não tanto à ficção científica, que sempre foi fascinada pela catástrofe, mas às molduras mentais do próprio pensamento técnico, que se deslocaram totalmente para fora do messianismo da libertação.

O que acontece assim com as utopias técnicas é, por óbvio, o corolário da deslegitimação das utopias sociais. Em certo sentido, o século XX é o século dessa deslegitimação. Começando carregado de auroras e de profecias, ele terminou num ceticismo generalizado em que as únicas profissões de fé que ouvimos são as de um realismo bem enquadrado. Por mais que saibamos que o comunismo deixou de ser uma utopia (e nos esquecemos, aliás, pensando assim, de que ele só se constituiu ao romper de maneira consciente e declarada com as utopias que o precederam), resta que aquilo que agora chamamos de sua queda está sempre acompanhado de uma desconfiança quanto a qualquer ideia de aposta e que, por trás daqueles que ousariam ainda sonhar com uma forma de associação humana diferente, vemos por reflexo se perfilarem arcaicos aprendizes de feiticeiros. Logo se percebem, sem dúvida, todos os benefícios que os partidários da *realpolitik* e da *realeconomie* mundiais podem extrair de tal conversão. O velho culto do progresso foi rejeitado para ser convertido em mero culto do crescimento, enquanto sonhos, devaneios e desvios se veem pura e simplesmente devolvidos à prateleira de uma panóplia obsoleta. Traços que convêm com perfeição aos organizadores do mundo globalizado, aos organizadores da forma-mundo.

Nossa época seria, portanto, segundo esse esquema, aquela que se recuperou da utopia, que não teria mais utopia, que não quereria mais saber dela. À dimensão naturalmente projetiva da consciência ou do desejo vêm responder, em vez e no lugar do futuro, trampolins que se abrem para o presente ou para o passado. O ter-lugar ou o ter-tido-lugar se mantêm como fiadores em meio ao hedonismo patrimonial que parece reinar em toda parte. O sentido sentimental outrora atribuído ao futuro é atribuído ao próprio lugar, ao ter-lugar do lugar, na medida em que ele vibra de presença e de memória. Desvinculada de qualquer promessa, liberta de qualquer tensão messiânica, a humanidade continua, contudo, a prometer a si mesma, no dia a dia, um futuro radioso, aquele, pequenino, feito do empilhamento dos dias uns sobre os outros.

Entretanto, vemos com clareza que essa paisagem reconciliada, que corresponde traço por traço às imagens e ao imaginário das companhias de seguros, e que, ainda assim, uma realidade confusa e problemática dissolve a cada passo, é inteiramente ideológica. Mas se não há mais nada diante dela, ao seu lado, à sua frente, o que resta, então, da reserva de pensamento e da riqueza de operadores da utopia? Haveria, no que está por vir, algo além da fatalidade do cômputo, da regulação atribulada do programa, haveria ainda lugar para aquilo que Maurice Blanchot, falando do Surrealismo, pôde chamar de "amanhã jogador" ou, no seio das coisas, para o "sonho de uma coisa" que não existe?

Essas questões não são nem retóricas nem nostálgicas. Não se trata, neste caso, de substituir o *páthos* da promessa por um outro *páthos*, que seria o do abandono, da ausência de horizonte, da fuga para a frente. No entanto, a paisagem está aí, e ela está vazia, ou ao menos há nela um vazio, alguma coisa estava ali que a puxava e que já não a puxa. É disso que eu gostaria de falar antes de qualquer coisa: de uma falta que devolve a utopia para o passado já concluído ou para a marginalidade da fantasia, que é também, sem dúvida, a condição para que outra ideia ou outra face da utopia possa ser imaginada.

Há pouco tempo estive em Le Creusot. Le Creusot é uma cidadezinha da Borgonha, localizada entre duas colinas, que foi um dos florões da indústria metalúrgica francesa até os anos 1960. Vou falar desse vale, daquilo em que ele se transformou hoje. É claro que há outros vales pelo mundo dos quais poderíamos também falar: Silicon Valley, por exemplo. Parece-me, porém, que o que devemos discutir em torno da questão da utopia tem tanto a ver com a atmosfera indecisa de Le Creusot quanto com imagens de ascensão social, tanto a ver com um *going down* quanto com um *starting up*.

Numas das entradas da cidade há um estranha e bela escultura, uma espécie de esquadro, alto como um farol. É o grande martelo-pilão da antiga fábrica Schneider, um monstro magnífico com o qual era possível, dizem, de tão preciso que era, enfiar uma rolha numa garrafa sem quebrá-la. Hoje, ele está ali, relíquia de uma outra era, no meio de uma rotatória. Localizado nessa exata dobra em que a técnica encontra a ficção, encarna-a, supera-a, objeto de orgulho para toda a região e mesmo para aqueles que trabalhavam duro perto dele, ele foi salvo do ferro-velho; mas mais do que numa obra de arte, pensamos diante dele num templo vazio ou num deus defunto.

Em torno dele, a cidade sobrevive: há um centro, ruas formadas de casas pequenas, bem pequenas, vilas operárias já meio velhas, supermercados, parques e até mesmo construções novinhas em folha. Mas tudo está estranhamente vazio, ou melhor, esvaziado, esvaziado de sua substância. É como se pairasse no ar uma canção cuja letra ninguém mais sabe. No museu, instalado na antiga vidraria – um belíssimo museu –, entendemos, estamos diante da substância que falta do lado de fora, ou ao menos diante de seus rastros. Ali vemos[1] os planos dos engenheiros, belíssimos, finos desenhos em azul ou em cores, há também quadros bem ruins que se esforçam para reconstituir a vida da fábrica, com a fumaça, as torrentes de metal em fusão, os aventais de couro... Mas há[2] também uma sala que evoca uma grande greve que se deu ali, em 1870, e cujas peripécias todo o país acompanhou. Cartazes, chamadas à população, fotos, um grande quadro realista, tudo fala uma linguagem antiga que ainda compreendemos, mas que se tornou língua morta.

E de repente compreendemos outra coisa, a "substância que falta", que evoco, não está no trabalho em si, nem nas coisas, ela está no fato de que para além da atividade, para além do trabalho cotidiano, a cidade, essa cidade *sonhava*. E entre os desenhos dos engenheiros e as proclamações dos operários se desdobra um estranho filactério de tons apagados, uma estranha e frágil bandeirola. É óbvio que para nós é fácil, depois de tanto tempo, ler ali ideologia, ilusões, mas agora a lucidez nos deve fazer ver também o que é um mundo em que a ilusão já não tem lugar, um mundo, mais precisamente, em que não há mais partida alguma para fora de sua realidade.

Antes de deixar esse museu, eu ainda gostaria de falar sobre duas coisas que podem ser vistas nele. A primeira são as *quinquilharias*, isto é, as pequenas peças fabricadas de maneira mais ou menos clandestina pelos operários dentro da própria fábrica, com as máquinas, para fins lúdicos ou utilitários, e entre elas uma dobradura de galinha, não em papel, mas em metal, um verdadeiro *origami* acidental. Essa prática, verificada também em outras fábricas e em outras regiões, pode ser vista quando nos deslocamos ao longo de uma linha que passa tanto pelos jardins operários quanto por certas formas de arte popular. Trata-se aí, em ordem dispersa, de ritornelos, no sentido de Deleuze: na contramão de qualquer fórmula hínica, e no avesso do Capital e do Progresso, partidas, envios. Em suas teses *Sobre o conceito de História*, que são, devo lembrar, seu último texto e uma reflexão sobre aquilo que o tempo deixa em aberto e dispõe, Benjamin fala de um "poder messiânico *fraco*" concedido a cada geração. E como é ele próprio quem sublinha a palavra, não creio que devamos lê-la como se salientasse um arrependimento ou uma decepção. Através desse poder *fraco* vemos abrir-se uma porta, e essa porta é aquela que toda época entreabre em seu próprio seio. O que podemos reconstituir e captar é, sem dúvida, o que uma época foi, mas é também, de modo mais secreto, o que ela poderia ter sido, aquilo que ela gostaria de ter se tornado. Esse legado secreto é como uma senha, e o que essa senha diz não "representa" a utopia, mas a mantém: não suspensa como uma finição ou como um dia seguinte que canta, mas inacabada, frágil e *já* cantante.

Esse canto fino e despercebido talvez não seja reportável à categoria do modelo, ao pensamento da utopia como tal, não, é verdade, ele não modeliza nada, é mais como se retirasse algo da fôrma, como se arrancasse suavemente o ar do tempo de sua ganga, liberando um espaço, um campo que é para mim o dessa utopia ou dessa face da utopia que resta a ser pensada: o campo daquilo que, não tendo tido lugar, não se dispõe no nicho de um lugar futuro, mas se mantém flutuante, e cantarola, resvalando naquilo que, do presente, é lançado ao por-vir.

Em relação a essa utopia nativa, ou ainda na infância, uma outra coisa, nesse museu de Le Creusot, me atraiu, talvez involuntariamente. Foi uma maquete. Não a de um objeto industrial, mas a de um grupo de casas para operários situado numa rua em declive. Nada de espetacular nem mesmo de belo. Tampouco nada de visionário quanto à forma do construído. Mas na imperceptível distância entre a realidade e sua representação, um descolamento dessa própria realidade, e de tal ordem que, com suas árvores, suas pequenas cercas, seus muros escurecidos, essa realidade retornava – não como um puro depósito documental, não como algo tangível, eficaz, realista, mas como algo frágil e aberto, como alguma coisa fragilmente aberta a esse canto de que estou falando.

Algumas quinquilharias como uma dobradura de galinha em papel metálico ou uma simples maquete e, com elas, um canto que se perdeu e cuja ausência escutamos: sim, isso, em vez e no lugar de magníficas tubulações, de estações orbitais intermitentes habitadas por homens livres da gravidade e da alienação. Uma *utopia povera*, em suma. Essa é a representação, se podemos dizer assim, que proponho. Pois parece-me que é aí, nessas coisas tão pequenas, nesses pontos de partida tão ínfimos, que se cava o campo fora do campo da utopia, segundo pontos que o apoiam na experiência.

Vou citar mais um exemplo, célebre, dessa vez, um verdadeiro paradigma: *A cidade ideal*, isto é, aquela pintura sobre um painel de madeira que se encontra em Urbino. Trata-se, com ela, de um outro tempo, e de uma canção bem diferente. A imagem é conhecida, admirada, admirável. A cidade inteiramente geometrizada, cinza e azul, deserta, com todas as linhas convergindo para o ponto de fuga. Um verdadeiro modelo, dessa vez, e talvez, na realidade, o modelo dos modelos, ao menos para o Ocidente tal como a Renascença do Quattrocento o projeta. Mas o que estabelece esse quadro para além desse papel, o que o restitui sem fim à experiência, é um detalhe, é o fato de que a porta da rotunda de onde parte o ponto de fuga está entreaberta. E de tal maneira que nesse suposto puro espaço algo inesperado se põe e cai. Essa coisa é o tempo. E com ele a cidade deserta, magicamente deserta, se abre a uma outra magia, a de uma presença por vir ou já desaparecida. Longe de ser apenas um puro possível, um "modelo posto", o quadro abre ainda em si o possível, e nesse caminho que parte, que se abre, o observador pode por sua vez partir. Nessa porta entreaberta e naquilo que ela faz palpitar, nesse fino feixe de ar e de ficção, vejo como a alegoria do poder messiânico *fraco* de que Benjamin falava.

Aqui, nesse quadro célebre, esse poder fraco se associa sem dificuldade ao grande movimento que ergueu uma época, e estamos, essa é a evidência, diante de algo menos humilde do que meus "achados" do museu de Le Creusot. Mas o segredo é o mesmo. Entre o que uma época realiza e aquilo com que ela sonha, há às vezes apenas um passo e esse é o caso, sem dúvida, do momento histórico de que nos chega o painel de Urbino. Muitas vezes, ao contrário, há vários passos, que parecem longos, impossíveis de serem dados; é o caso, por exemplo, do momento histórico a que se ligam os objetos de Le Creusot que mencionei. Qualquer que seja, porém, a distância, e qualquer que seja, consequentemente, a época, inclusive a nossa, sempre haverá essa possibilidade, que vem com ele, que faz com que o real não seja cativo de si próprio, com que ele não esteja condenado a residir em si mesmo, com que nenhum lugar seja assimilado à efetividade do ter-lugar.

Disso, parece-me que as utopias da finição, as utopias constituídas se esquivam, e que diante do real elas propõem um outro real simulado, que se sustenta, então, acima do "verdadeiro" real como um balão cativo. À gravidade do ter-lugar, elas opõem um "teria" ou um "terá" lugar que oscila entre a evasão e a promessa, embora o esforço talvez devesse incidir num desbaste do próprio lugar, numa atenção escrupulosa dirigida àquilo que em cada lugar se subtrai à jurisdição do efetivo e a todos os fantasmas que ela implica. Para prolongar essas observações, eu diria que a tarefa me parece ser hoje a de cortar o fio que retém o balão da utopia, de deixá-lo partir, e, portanto, de refletir sobre o que poderia ser *uma utopia não cativa, e talvez até mesmo um ideal não fixado num ponto da parede do tempo*. Uma utopia não cativa, a ser seguida, que não funda e não procura fundar, que até mesmo se volta contra toda ideia ou todo fantasma de fundação.

Mesmo que assim nos afastemos das utopias historicamente formadas, talvez nos aproximemos, em compensação, de um sentido mais originário em que a utopia nomeia o que não acontece, o que não tem lugar, o que está de partida em todo lugar. E "estar de partida" (como se diz "estar em dormência" para sementes) não é nada além daquilo que mantém o ser no aberto, que o retira dos cômputos e das injunções. É como uma retirada, uma saída, um desvio. Do passado mais longínquo, remontam filamentos que o tempo deixou flutuando e que nos são entregues como o que escapou à fundação ou ao registro. Há uma dormência do passado que conserva certas sementes cujo futuro permanece assim em suspenso. Da mesma maneira, nosso próprio tempo, o que nós experimentamos como nosso presente, se desdobra entre uma massa que pode ser capitalizada e filamentos que escapam desse domínio para se deportarem no envio. O futuro que as utopias retinham para mais tarde ou que o culto do progresso convocava como horizonte se desloca, ele é restituído a seu ser, ele se torna, ao mesmo tempo que não "é", aquilo que o tempo não pode apagar, nem naquilo que vem, nem naquilo que veio. Utópica é a forma da razão que conhece essa propriedade do tempo em que as obras são compreendidas e permanecem disponíveis.

Uma hermenêutica do estar de partida talvez não constitua aos nossos olhos uma utopia, mas abre o campo para ela. Esse campo, parece-me que é também o da arte, a arte é sempre a arte de pôr diante e de abrir. A arte é genericamente utópica, ou está sob o vento da utopia. O estar de partida do real ou seu envio são captados e distendidos pela arte, ela se faz aprendiz deles e produz seu eco. É verdade que se trata aí de uma ideia de arte, que como tal propõe um combate contra aquilo que, na arte, se abriga do vento e considera o real como um rendimento. Mas entre a *khôra* platônica – esse puro espaço sem lugar que produz o campo dos rastros por vir e que é como a origem e a condição ou a figura sem figura de toda "utopia" –, entre a *khôra*, portanto, e a "pista" dos dados de Mallarmé, podemos figurar, ao menos um pouco, essa ideia e imaginar a tensão que ela propõe.

Como se trata de exemplos ou de nomes ocidentais, acrescentarei que, no que concerne aos jardins zen que costumamos descrever como puras estases ou como repousos na imobilidade, é essa mesma noção de um tempo em que o futuro nunca é um investimento, é essa mesma distensão das coisas na vinda que vemos. No campo onde as pedras ou os cones de areias são colocados, o gesto que os colocou continua visível. Aqui, nada se volta para nós, nada nos acena e, sobretudo, nada é capitalizado ou inscrito "para sempre". Estamos diante da pura dormência, na pura flutuação, de partida com aquilo que é, e que continua a ir, sem se mexer.

Imensa, sem dúvida, e sob qualquer ponto de vista, é a distância que separa o Ryôanji ou o Daisen-in da maquete do museu de Le Creusot, mas a própria violência dessa aproximação não a impede de ser possível. É porque uma gota de eternidade caiu sobre ela que a maquete das casas operárias passa do real que ela supostamente reproduz ao possível cujo canto ela ouviu; é porque são tratados a cada dia por monges que são seus operários que os jardins zen, sem perder sua altivez na ideação, não são "ideais".

É por isso que a utopia é cotidiana, que há, como Benjamin um dia sugeriu, uma "cotidianidade da utopia".

NOTAS

[1] Víamos, é preciso dizer, pois há alguns anos o museu instalado no château de la Verrerie parece ter se transformado em memorial da família Schneider, substituindo a própria matéria da indústria por inúteis retratos, bustos ou medalhas.

[2] Havia... (cf. nota anterior).

A DICÇÃO
DA ARQUITETURA

A dicção da arquitetura (*La diction de l'architecture*) foi uma conferência proferida na Escola de Arquitetura de Grenoble (março de 2000).

Um edifício, em especial um edifício qualquer: ele existe, essa é sua força e, com frequência, sua única força. Ao real, ele veio se acrescentar, trazendo algo que não estava ali, um peso, um ponto, uma superfície, uma oportunidade. Ali, com ele, alguma coisa se susteve, e por menor ou mais banal, mais humilde ou mais comum que fosse, para que ela existisse foi preciso que tivesse havido uma intenção, decisões, que ofícios e *savoir-faire* tivessem interferido, que caminhões tivessem circulado, que cheques tivessem sido assinados, esperados, contestados, talvez. Imerso na atividade durante a fase de sua construção, uma vez acabado ele se separa dela, isto é, sua vida começa, pode começar, passiva quanto ao essencial. Ele é utilizado de acordo com a função que lhe foi destinada ou, então, é transformado, às vezes abandonado. Cães o marcam, ou cartazes, grafites, *tags*. Ele está ali, aberto ao tempo e ao gasto, derivando imóvel no tempo, levando consigo, o que quer que lhe façam, seu ar de época, depositando no mundo seu ser datado e perecível. Com um edifício, um canto de tempo é enterrado no tempo, e um canto de espaço é enterrado no espaço.

Mas com o edifício assim compreendido, em outros termos, com a massa petrificada por todos os atos do construído, sem dúvida ainda estamos longe do que entendemos por arquitetura. Pois se a arquitetura é a arte de construir, a arte de enterrar com arte (isto é, pensando no que se faz, pensando no que o que se faz faz) cantos de tempo no tempo e de espaço no espaço, muitas coisas, se não a maior parte das coisas construídas de um lado a outro do mundo, inclusive por arquitetos, foram feitas sem arte e sem pensamento, só assim, no olho, só porque era preciso, porque era preciso atender a uma urgência ou responder a uma demanda sem se colocar muitas questões, sem considerar que se pudesse fazer de outra maneira, ou melhor, sem sequer imaginar que se pudesse, ao agir assim, causar danos ao real, estragá-lo.

Trata-se do "existente", ou ao menos de uma boa parte daquilo que arquitetos e urbanistas chamam de existente. O que esse estranho nome de aparência filosófica recobre é, por óbvio, variável, descontínuo, impermanente. Há tantos existentes quanto há sítios, pontos de vista, estados de coisas. Nessa massa ao mesmo tempo compacta e difusa, pode-se, contudo, assinalar traços, invariantes, tendências que orientam os efeitos estocásticos. De fato, em toda parte, o acaso foi governado: pelo costume, pelo gosto, pela necessidade, até mesmo, por vezes, e com maior frequência do que acreditaríamos num primeiro momento, pela arte, pela arquitetura, segundo uma gama aberta que vai do projeto propriamente dito a lógicas empíricas de essência artesanal ou industrial. Por mais complexo e mais disseminado, por mais compósito e mais medíocre que ele possa aparecer, o existente nunca é por inteiro o filho da necessidade. E se o que eu disse acima a respeito dos edifícios tomados de maneira isolada é verdadeiro, nunca se constata uma ausência de preocupação como essa quando se trata de agrupar edifícios entre si. Pode-se fazê-lo bem ou mal, segundo esquemas pré-ditados ou de modo espontâneo (a segunda oposição não necessariamente se sobrepõe à primeira), mas sempre se desenha, ainda que em pontilhado, o esboço de uma inteligibilidade, isto é, uma leitura, isto é, uma interpretação. E o caso comovente e bem conhecido é o das zonas mais desvalidas e mais espontâneas, por exemplo, as favelas, que se estruturam por si mesmas de acordo com lógicas de povoados e que têm ainda assim, por mais bizarro ou escandaloso que isso possa parecer, uma tipologia.

Entretanto, seria preciso esboçar aqui uma classificação – não hierárquica – das tipologias, seria preciso repartir os diferentes modos de existência do existente conforme eles comportem muita escrita arquitetônica, propriamente arquitetônica, ou muito pouca. E seria preciso fazê-lo evitando cair nas trilhas de uma tipologia sistemática, marcada por um gosto ou uma ideologia dominante, tão vasta e surpreendente como a gama das escritas, sobretudo se incluirmos entre elas as escritas vernaculares e os gestos arquitetônicos espontâneos. Se insisto no existente, nas formas que ele propõe, é, em primeiro lugar, porque a arquitetura sempre deve compor com ele. Por maior que possa ser sua vontade de se emancipar dele, a vontade de escrever uma frase que lhe seja própria na massa que a cerca sempre voltará a se inserir no existente e reunir-se a ele. É sua destinação e mesmo sua sorte, mas não é seu limite, pois a arquitetura – e é nisso que ela é uma arte, que faz parte das artes – habita, deve habitar durante um certo tempo fora da existência, fora do existente, na pura tensão do projeto.

Se o projeto respondesse de maneira mecânica à encomenda, como se houvesse apenas uma caixa de seleção para marcar ou um buraco para tapar, não haveria, falando com rigor, arquitetura. A arquitetura começa propriamente com a margem, com o jogo que habita entre a demanda e a resposta. Em relação a um programa, a arquitetura, mesmo quando o cumpre, deve dar lugar a um desvio, a uma evasão. Essa evasão, que é alargamento, traçado, desbaste, é sua ideia: não apenas uma forma – tudo tem uma forma –, mas uma ideia de forma que a forma poderá tornar visível. No existente, a diferença arquitetônica será essa visibilidade da ideia – não caída do céu sobre a Terra, mas levando o existente para fora de si, conservando, naquilo que é, o rastro de uma inexistência, a tensão de uma partida, de uma guinada. O rastro, no fundo, do próprio projeto, o rastro ainda visível e ativo da *progettazione*. Alguma coisa está ali, que é ao mesmo tempo posta e projetada, alguma coisa que não se volta sobre si mesma, que não reside, mas que contém partidas, fugas, segredos. Uma espécie de memória do projeto, que continua a se projetar ou, para além da evidência tópica, um resto (não um resíduo insignificante, não uma mais-valia!) utópico.

E isso vale para todos os tempos, das pirâmides do Egito à Torre dos Ventos de Atenas, da catedral de Amiens à basílica de Vicenza, das salinas de Ledoux ao Circo de Inverno de Hittorff, dos escritórios da Johnson Wax Company, de Frank Lloyd Wright, em Racine, Wisconsin, ao museu de Santiago de Compostela, de Álvaro Siza, sem esquecer da Grande Estupa de Sanchi na Índia, da Vila Imperial Katsura em Kyoto ou, ainda, da mesquita de Córdoba...

Com essa lista, trata-se menos de produzir um paradigma de obras-primas do que de especificar, via exemplos muito diferentes uns dos outros, esse movimento que parece incitar a arquitetura desde o interior e que, até mesmo no registro da compacidade – o das pirâmides, por exemplo –, abre no espaço uma escrita, uma elegância, um envio, alguma coisa que, com certeza e sempre, faz massa, mas que faz também algo bastante diferente, como se à "onda estacionária" da massa, sem perda de equilíbrio, fosse postada uma possibilidade de envio. Esse envio, bem entendido, pode ser encontrado nos ecos disseminados ao acaso dos percursos, e são esses ecos que fazem todo o sentido do passeio de arquitetura. Aqui, seria necessária uma outra lista de exemplos muito mais humildes, uma lista de efeitos às vezes ínfimos, que, no entanto, estruturam o tecido ao inscrever nele pontos de intensidade que cada um de nós recebe como um bem: o famoso "pedacinho de muro amarelo" de que fala Proust a propósito de um quadro de Vermeer e de que esquecemos que ele é também, no início da arte figurativa, um fragmento de escrita urbana, uma maneira de apreender a luz, uma disposição. Lista dessa vez pessoal, de traços que vêm triscar a consciência, lista incessantemente reatualizada como um jogo de cartas que embaralhamos. Lista, não de objetos dessa vez, mas de traços quase anônimos e por meio dos quais, entretanto, a partitura arquitetônica se escreve, como uma linha melódica, como uma *songline* do ofício.

É isso, é esse rastro, essa manutenção do possível no efetuado, do figurável no figurado, que qualifica a arquitetura e faz dela, no texto do construído, uma escrita ou o que chamo de uma dicção. Portanto, uma arte de dizer, não de "bem dizer", mas de dizer, de dizer o que não tinha ainda sido dito, ali, no espaço e no tempo, nesse canto único de espaço-tempo constituído pelo sítio, ou, é a mesma coisa, pela página, pelo palco.

No teatro, de onde nos vem a dicção, há modos históricos nas maneiras de dizer (e sem dúvida seria útil relacionar ao modo da declamação os traços arquitetônicos que lhe correspondem), mas o que qualifica uma dicção, o que a torna de fato contemporânea daquele que a escuta, é a maneira como ela acolhe em si, em suas inflexões, em seus silêncios, em suas curvaturas, a totalidade do texto que ela enuncia. E acolher a totalidade do texto oferecendo-o é comportar-se em relação a ele como se ele fosse a cada vez inédito. A dicção não recita, ela nunca recita, assim como não inventa, ela atravessa, ela é a travessia de uma ideia de forma em que cada palavra contribui para a formação. E não há aí nenhuma hierarquia entre palavras que seriam significativas e outras que o seriam menos, entre palavras que seriam, se quisermos, pilastras, e outras que seriam ornamentos. É por ser integral que a dicção avança ao longo do texto como um equilibrista sobre uma corda: há os passos, as palavras, uma a uma, é claro, mas há também cada ponto do corpo acima do pé que dá o apoio ou da boca em que se forma a fala, há também todo o ar que é respirado e todo o espaço em que habita a respiração. É com tudo isso que esse "existente" que é o texto começa a existir, não como uma massa de palavras acrescentada ao mundo, mas como uma dicção ou, em outros termos, como um sentido proferido, como uma inteligibilidade desdobrada e cheia de atenções para com o mundo assim como para com os ouvidos que se estendem em sua direção.

Se dissociarmos, contudo, a palavra dicção de sua proveniência e a projetarmos para fora dela, na arquitetura, o que teria ela a dizer que a arquitetura e os arquitetos possam ouvir? E o que viria fazer uma arte do efêmero, uma arte inscrita na duração, junto a uma arte plástica, estática, sólida, que se oferece de uma só vez?

É possível que ela venha dizer em primeiro lugar que a arquitetura não é assim, ou não é apenas assim. Que por trás do que nela permanece ou se fixa, algo se move – que no próprio interior da solidez, que lhe é consubstancial, há fluidezes. Que ao mesmo tempo que se oferece num único movimento, até mesmo, às vezes, com uma virtude de aparição, ela se declina, se desdobra, se desenrola nas durações de leitura que são aprendizados, que quanto mais ela é rica, complexa, articulada, mais ela parte em direções que são comprimentos de frases, amplitudes do fraseado. O edifício é, aqui, o ator: aquele que diz o texto da arquitetura, aquele cujo papel é dizer esse texto na circunstância de um lugar, isto é, na sorte e no tremido de uma existência. Poderíamos quase inventar didascálias da arquitetura: "A cena se passa em Trezena", assim se inicia *Fedra. A cena se passa em Gizé, ou em Vicenza, ou em Córdoba, ou em Tóquio, ou em Montreuil...,* assim se inicia a arquitetura. Depois vem a ação, isto é, o acontecido, os acordes que vão do gesto fundamental aos gestos ínfimos que escrevem e dizem tanto a partitura visual quanto a tátil. Ela tem lugar, essa partitura, mas não como um lugar que seria a "recitação" do espaço, a *performance* de uma coisa aprendida e sabida, ela tem lugar como o que, no espaço, aprende e descobre o espaço, como o que, formando lugar, tendo lugar, produz sentido, isto é, aquilo por meio do que o lugar se abre e se torna atravessável, aquilo por meio do que ele se evade de si mesmo ao mesmo tempo que fica ali, como um aqui que incluiria um lá e que se manteria em equilíbrio em sua direção.

Na dicção teatral não há hierarquia, tudo conta, a menor inflexão ou o mais leve silêncio são marcas. É a mesma coisa com a arquitetura, na qual a ideia de forma deve ser contínua e unânime, unanimemente continuada. Lá tampouco há ou deve haver fase morta ou solta, não há elementos que possam ser repelidos ou abandonados, lá também tudo o que vem deve vir como uma entrega integral em que cada obscuridade, cada ângulo, cada inclinação, cada tensão deve aparecer sem se isolar ou se tornar arbitrária, em outros termos, ligando-se à maneira dos cipós ou dos dançarinos, mas não como partes a um todo. O *partido* de um edifício é justo o que transfigura essa oposição entre o todo e as partes, é o que escreve a partitura da arquitetura em cada um de seus pontos, é o que religa pontos, superfícies e volumes para formar com eles um *continuum* formado, informado por inteiro. Não um Meccano infinitamente decomponível, mas aquilo que os gregos chamavam de *mekhane*, isto é, uma invenção engenhosa, uma astúcia, um suspense, um drama.

É claro que não é com palavras que se escreve e se diz a dicção da arquitetura, mas se falamos de sequências, de elementos significantes, de pontuação, de ritmo, de acento e até mesmo de timbre, logo adivinhamos como tudo isso se transpõe, como tudo isso funciona, como há, por exemplo, na arquitetura, vírgulas e reticências, repetições de sequências breves e, ao contrário, frases longas que correm em seu próprio passo, e como o edifício-ator e o arquiteto-diretor atuam. Por meio de rupturas e continuidades, de atalhos e elongações, de solidões e empilhamentos, de sopros e silêncios, ou, como geralmente se diz, mas talvez geralmente demais, por meio de vazios e de plenos. Considere-se essa partitura que é a parede, com suas mínimas e semínimas, seus trilos e acordes. Considere-se, em relação à parede, uma espécie de adiamento constante, uma arte de desvendá-la, de, por vezes, brincar com isso... A arquitetura não são paredes ou relações entre paredes, uma mera concordância de superfícies que acabaria por fazer volume, são enrolamentos e maneiras de ladear, são brechas e aberturas pelas quais se passa, através das quais se vê. É, portanto, o que dá a um passo ressonância rítmica, um responso, sistemas de ecos que se espalham no ar.

Mas eu gostaria de fazer uma digressão e de evocar uma frase que me impressionou, primeiro por nos lembrar, a nós que nascemos em espaços arquitetados, escritos, que outras maneiras de viver existiram sobre a Terra. A frase é a seguinte, de Dez Ursos, um índio comanche: "Nasci no prado, onde o vento sopra livremente e onde nada pode barrar a luz do sol. Nasci num país onde não existe clausura, onde tudo respira liberdade. Quero morrer nesse espaço livre e não entre paredes."[1] Somos assim remetidos não tanto a um paraíso perdido quanto a um mundo liquidado, mas também, talvez acima de tudo, a uma dureza de nosso mundo, a uma dureza de que, é preciso reconhecer, a arquitetura se tornou cúmplice com demasiada frequência. Longe de mim, aqui, a ideia de revogar em bloco e com um único gesto nossas paredes e nosso mundo, porém, o que essa frase abre para nós é, talvez, uma ideia que também se encontra "em nossas paredes" ou ao menos em algumas delas, naquelas que fizeram mais do que encerrar e fechar, ou ladear e alocar. Essas paredes deslocadas, abertas, perfuradas, esses labirintos sem bordas em que o jogo com o limite joga com a ilimitação do espaço, são, é claro, as superfícies que suportam o que chamei de arquitetura. A quem poderíamos, portanto, dizer que ela é (ou deveria ser) a arte que se lembra sempre de sua própria ausência, que ela é a arte de não fechar sua *performance* em si mesma, que ela é a arte, não do espaço, mas da entrada no espaço. A arte que, em vez de abandonar o homem no espaço, o acompanha nele.

Esse acompanhamento é sem dúvida tão antigo quanto a existência humana e apenas tardiamente, com a História, tomou a forma da arquitetura. Tão longe quanto possamos remontar no passado humano, e poderíamos ir ainda mais longe, do lado dos animais, a vida jamais se espalha como água derramada, mas seguindo pistas, criando sinais, segundo uma lógica de territórios lentamente aprendida e transmitida: para os seres vivos, o espaço não é jamais um puro e simples continente, ou uma pura e simples extensão, ele é sempre uma relação, uma memória, um campo de tensões e de desvios, são encontros, marcas, rastros, traçados. Somente mais tarde chegam para o homem a casa, a aldeia, depois a cidade que, todas, se inscrevem nesse campo como tensores, balizas, operadores de intensidade. Foi ao menos assim que elas funcionaram na História, isto é, como sistemas de ocupação por meio dos quais os homens se acostumavam com o espaço e aprendiam a viver juntos nele.

No entanto, hoje, com o desenvolvimento urbano sem precedente e sem medida comum das últimas décadas, nos vemos confrontados a esse paradoxo de referências que se tornaram elas próprias labirintos e, em particular, a essa violência que faz com que os sistemas de ocupação não somente se emaranhem, mas desmoronem. Conforme privilegiemos a visão do emaranhamento, com aquilo que ela comporta de naturalmente alegre, ou a visão do desmoronamento e da perda, que é, por sua vez, naturalmente sombria, desembocamos num ou noutro dos dois discursos vigentes e que enquadram a questão da arquitetura hoje de maneira literal: de um lado, o discurso mais para otimista e liberal da "cidade emergente", de outro, aquele, nostálgico, da cidade perdida. Ora, creio que esses dois discursos são inteiramente ideológicos e que tanto a realidade da cidade como a realidade das operações da arquitetura devem ser consideradas de outra maneira. Não como uma realidade intermediária que passaria entre a emergência e a falta de herdeiros, entre o quase apagamento do projeto (que o elogio da emergência contém e sugere) e seu endurecimento nostálgico, mas como uma espécie de friabilidade que é da ordem do vivo e que se declina em toda parte, isto é, universalmente, de maneira diferente e distinta.

A radicalidade do gesto arquitetônico não se concebe nesse espaço nem como uma liquidação (apenas não o queremos mais, não o fazemos mais, nos embrenhamos, nos escondemos na emergência) nem como um retorno que erige esse gesto como barreira de essência sublime própria para travar o curso das forças dissolventes. No primeiro caso, a dicção da arquitetura se torna indistinta, não esboçando mais nada a não ser um frágil balbucio no seio de dispositivos técnicos que a subjugam, no segundo, ela se torna declamatória e petrificada. Trata-se, para ser concreto, da lógica – se podemos chamá-la assim – que vimos em ação com, de um lado, o "de qualquer jeito" da extensão urbana e, de outro, as "grandes obras", oscilando, por sua vez, entre as caixas de sapatos das zonas de atividades e os efeitos simbólicos reservados aos aparelhos ideológicos estatais, municipais e até privados. Como se pode constatar, esses dois lados coexistem e são, de fato, cúmplices um do outro.

Ora, sobre a arquitetura, as obras da arquitetura, pode-se ter uma outra ideia, mais geral ou genérica, mais completa, mais continuada. Se acreditamos que a arquitetura dá nome àquilo que no espaço forma o acompanhamento, se acreditamos que ela desempenha um papel direto, visível, palpável, na organização, na manutenção ou no restabelecimento dos sistemas de ocupação pelos quais os homens se orientam na existência, então nós a vemos retornar, não como um salvador ou um garante, mas como uma presença distribuída e difusa. A despeito de tudo o que recentemente se afastou do que desejava confiná-la no mundo fechado dos edifícios de valor simbólico agregado, a despeito, portanto, de inúmeras realizações que desfiam aqui ou ali sua presença efetiva (digamo-lo: na França, de maneira global, esta é mais visível do que era há vinte ou cinquenta anos), ainda resta, creio eu, muito a ser feito para que se conceda à dicção da arquitetura o espaço que lhe cabe.

É claro que esse espaço não é todo o espaço, tampouco se trata de pequenos espaços consentidos ou de zonas reservadas. Os lugares da intervenção arquitetônica não devem ser considerados como enclaves de cultura intensiva no seio de um vasto conjunto de áreas em pousio, mas como uma textura ao mesmo tempo global e descontínua, como uma dinâmica de sequências superpostas com *ralentis*, acelerações, *fondus enchaînés* e, às vezes até mesmo, por que não, pausas na imagem. E se superponho aqui a metáfora do filme à da dicção, talvez seja porque ela corresponde ainda mais ao *movimento* segundo o qual a arquitetura age – movimento que é, antes de mais nada, o do passante que a vê e a quem ela se oferece como uma sucessão de corrediças e de acentos.

Essa arquitetura passante, essa arquitetura da fluidez, eu a oporei aqui a uma arquitetura do habitat e do habitante, assim como a uma arquitetura do objeto. O que não quer dizer que não precisamos de casas, ou de objetos, mas que casas e objetos devem ser urdidos, devem ser ligados uns aos outros, devem afinar suas partituras e de tal maneira que cada elemento possa ser distinto e afiliado, pertinente e límpido.

A lista dos lugares que forneci no início deste texto não foi produzida como uma série de altos lugares ou de exceções, ainda que se trate com frequência de objetos relativamente isolados. Trata-se de exemplos, de exemplos de escrita, que estão à disposição, como tudo o que foi disposto num ponto do espaço e do tempo. Entretanto, não posso fazer como se não houvesse, apesar de tudo, um hiato: o que se produz em regra geral para evocar a arquitetura, sua arte, suas *finesses*, são edifícios isolados, obras, grandes obras. E por que não fazer isso também? Por que não ceder à tentação? Resta, contudo, que alguma coisa se esquiva, e que gostaríamos de escapar a essa lei e produzir exemplos mais incertos bem como alongar com eles o passo do passeio de arquitetura. Esses exemplos existem quase em toda parte, às vezes próximos, às vezes disseminados, às vezes indiscerníveis. Eles são numerosos, mas jamais o serão o bastante, há todo um trabalho de costura que resta fazer. Entre a falta e a plenitude, o acordeão das formas se desdobra e uma infinidade de fraseados permanece à espera.

NOTA

[1] Frase citada por Dee Brown em *Enterre mon coeur à Wounded Knee* [*Enterre meu coração em Wounded Knee*], Paris: Stock, 1973, p. 13.

A FRASE URBANA

A frase urbana (*La phrase urbaine*) foi apresentado no encontro "Rendez-vous de l'architecture" (abril de 2005) e publicado no nº 4 dos *Cahiers de l'École de Blois* (2006).

No campo, cada ruído (golpe, chamado, fricção) parece se destacar sobre um fundo mais silencioso, que pode ser percebido como uma camada estacionária: o domínio de existência dos acontecimentos sonoros é, ali, o silêncio. Até mesmo nas noites de verão mais habitadas, sentimos essa qualidade da extensão em que ruídos e sinais, chamados e percussões, por mais numerosos que sejam, se disseminam numa pontuação infinita. É apenas durante chuvas fortes, tempestades ou ventanias que a partitura sonora muda e se torna quase contínua. Na cidade (sei que a franca oposição cidade/ campo mereceria nuances, mas ela permanece de todo modo operante, ao menos de maneira esquemática), em compensação, é raro, especialmente durante o dia, que uma camada de silêncio como essa possa ser percebida. A cidade seria em primeiro lugar, quanto aos ruídos, um rumor constante, uma espécie de espessura em que, é claro, o estridente ou o muito barulhento se destacam, mas em que tudo parece afogado num banho unificador de movimentos aleatórios mas permanentes.

O que vale para a trilha sonora da cidade – esse *fondu enchaîné* permanente – poderia sem dificuldade ser transferido para o domínio do visível: a cidade (e quanto mais ela é importante, mais isso se verifica) é sempre um aumento e um adensamento do número de sinais visuais, é uma partitura visual complexa e móvel, que se transforma o tempo todo, é uma violência da sensação, um gasto constante de energia. Quantidade, variedade, diversidade, concentração, produção de simultaneidades e de efeitos de colagem, dilatações, superposições – a cidade é um palimpsesto para quem quer que a atravesse e a veja. Assim como qualquer outra coisa, a cidade não tem autoridade para representar o mundo, mas para quem nela se aventura, para quem penetra em sua potência de enfeitiçamento labiríntico, ela faz mundo, ela se isola como mundo, como mundo isolado. Esses sistemas de ecos rápidos superpostos a remissões muito mais lentas, essas concatenações de sinais, essa potência de imersão, é evidente – quer eles nos exaltem quer nos assustem – que é do lado "babilônico", do lado da cidade muito grande que os encontramos, e poderíamos até caracterizar a cidade pequena, ou a ideologia da cidade pequena, como uma vontade de atenuar essa violência, opondo-lhe valores de perenidade e de constância. No entanto, ao falar assim da "cidade", não falamos de fato nem da grande nem da pequena, e sim do fenômeno urbano em seu conjunto, na medida em que ele faz massa, na medida em que está presente em todo o planeta, incluindo especialmente em seu balaio todos aqueles espaços intermediários (periferias e hiperperiferias) que talvez não sejam a cidade, mas fora dos quais hoje nada sobre a cidade pode ser dito ou pensado com seriedade.

Em certa medida, essa intensa violência do urbano pode ser considerada como um discurso – alguns signos são dirigidos (a cidade se dirige a seus habitantes, a seus visitantes) –, já em outra medida, e de maneira muito mais evidente, essa massa de signos é como uma emanação, uma espécie de inconsciente urbano que flutua. A oposição entre o que é sustentado como discurso e o que é disposto como acumulação recobre a oposição entre os aspectos voluntaristas da cidade (os aspectos ligados, na verdade, ao *prospecto*,[1] isto é, em outros termos, às projeções, às edificações, aos programas) e os aspectos puramente aspectuais ou espontâneos. Porém, como se sabe, a *vida* da cidade, de qualquer cidade, repousa no emaranhamento desses dois tipos de fraseado: o fraseado urbano consiste num reajuste permanente entre eles. Esses reajustes tanto podem ser (e com frequência o são) conflituosos quanto podem se regular de maneira suave, com o tempo. A resultante é sempre, portanto, um fraseado misto em que entram, em proporções variáveis e num equilíbrio frágil, algo que poderíamos caracterizar como *discurso* – o discurso que a cidade mantém sobre si mesma e para si mesma – e algo que poderíamos caracterizar como *fala* – o conjunto de tudo o que se diz na cidade, a massa de tudo aquilo que a cidade, até mesmo à sua própria revelia, propaga em seu seio.

A tendência do discurso é sempre a de delimitar os efeitos da fala, seja orientando-os e dispondo-os, seja contendo-os; a tendência da fala é sempre a de subverter o discurso, de se apropriar de seus períodos e utilizar seus intervalos. Na extremidade do que chamo aqui de discurso – como uma pura possibilidade retórica – está, ou estaria, a cidade regida por inteiro por sua consciência de si, com esta cristalizada e se encarnando a cada instante e a cada desvio (a cidade-museu é uma forma extrema dessa perversão do discurso). Na extremidade do que chamo aqui de fala – e no limite da possibilidade tópica – está, ou estaria, a cidade emergente, a cidade que seria pura emergência: não uma visão de arquiteto, mas uma espécie de autoprodução não regulada, quase automática. Como se sabe, essas duas vertentes correspondem a duas utopias divergentes, a de uma cidade parada, suspendendo sua intensidade na eternidade de sua forma e, inversamente, a de uma cidade não apenas móvel e cinemática, mas que apagaria o tempo todo sua própria forma para diluí-la na intensidade de um fluxo permanente. De um lado, portanto, o discurso de uma singularidade absoluta, mas absolutamente reificada e, de outro, o discurso (pois trata-se também de um discurso) de uma mobilidade sem contornos.

Ora, a cidade, pelo que sabemos dela e pelo que resta dela – e digamos que resta muita coisa em quase toda parte (espontaneamente penso em Barcelona, não tanto na Barcelona antiga, gótica, quanto na Barcelona modernista de Cerdà e, de maneira mais precisa, em certo cruzamento do *Eixample*, aquele, talvez – pois aqui é preciso dar nomes –, em que se interceptam o Carrer del Bruc e o Carrer de Casp, cruzamento que nada tem de espetacular, mas que aparece como o próprio exemplo do que é ao mesmo tempo banal e singular, como o próprio exemplo desse deslizamento da singularidade para a ordem, ou da variação para a ordenação, ou da fala para o discurso) –, a cidade seria a combinação complexa e secreta de um fluxo e de uma imobilidade, seria, por meio de uma infinidade de *tempi*, a amarração sempre singular entre uma escrita e uma improvisação, seriam lembranças de intenções que tiveram que compor com o que chega, marcas com as quais o que chega compõe a cada instante. Esse cruzamento de Barcelona, por exemplo, volto a ele: ao mesmo tempo um ponto no bordado ultranormatizado da trama de Cerdà (pois é preciso sublinhar que isso foi previsto e desejado no plano de Cerdà) e uma pequena praça octogonal que, no meio do espaço regular e rítmico do *Eixample*, recita, no entanto, um canto singular.

Do que é feita essa singularidade? O que a cidade diz ali de si mesma? O que diz a ela tal ponto, tal ponto particular de seu espaço? Como logo adivinhamos, responder a essas questões nunca é simples, porque tudo ali está inscrito e tudo é sensível, porque talvez se trate também de variáveis imperceptíveis e indefiníveis que fazem tremer o ar do tempo: por exemplo, a sombra de uma árvore em pleno meio-dia e a maneira como ela faz vibrar uma fachada, por exemplo, a cor dessa fachada quando o sol declina, por exemplo, a forma de uma abertura e a maneira como ela deixa passar a noite, a consistência de um umbral, de uma entrada, a existência de uma maçaneta, de uma campainha, de uma cortina no térreo, sem falar de signos mais evidentes ou ao menos mais declarados, por exemplo, uma loja meio antiga ou, ao contrário, vistosa, um arranjo de frutas, letreiros e, uma vez que a cidade não é o cenário de uma peça mas a própria peça, tal homem ou mulher que passa, jovem, velho, velha, cansado ou cansada, cruzando com outros passantes em meio à luz, à poeira, à noite, pela manhã: toda essa maquinaria, portanto, cheia de alvéolos, de tempos diferenciados, em que tudo recomeça e em que tudo varia: num único e mesmo ponto, um entrelaçamento, um mosaico de narrativas possíveis, algumas ocultas, outras aparentes. Em certo ponto, por exemplo – continuemos em Barcelona –, sem que possamos dizer de fato por quê, talvez por causa de uma forma, ou de um fantasma de forma, o retorno de uma imagem de guerra, passantes que correm para uma entrada de metrô para fugir dos combates, crianças de repente puxadas pela manga, depois, a alguns passos dessa lembrança que parte tão rápido quanto chegou, uma mancha de caturritas muito verdes escapando no ar, e assim sucessivamente, sem fim...

A cidade, logo, o fraseado da cidade, seria essa frase infinita que cada passante ao mesmo tempo encontra e recita, seria o conjunto desafinado de todos esses fragmentos de cidade e/ou de frase, a afinação de todos esses descaminhos, o mistério de uma tonalidade, apesar de tudo, de uma tonalidade local, precisa como a soma de inflexões que forma os acentos. A resposta é, aqui, a de uma alegria, isto é, a de uma identidade sem retiro, de uma abertura: massa de signos e novelo de sentidos em que nenhum signo, nenhum fio é insignificante. A questão, no entanto, é a das condições de produção dessa alegria: quantos signos são necessários para produzi-la, quanto tempo é necessário para que haja esses signos, e quando eles vêm, será que são capazes de se manter, de se multiplicar ou, ao contrário, estão ameaçados pelo próprio fato de serem reconhecidos?

A propósito do número, para começar. Diremos simplesmente que ali onde há gente, muita gente (e as cidades, mesmo que essa não seja sua única régua, se medem acima de tudo em termos de quantidades, de multiplicidades), é preciso que haja, em contrapartida, muitos signos, que a massa coral seja não apenas significativa, mas também variada, plural, rica de áleas e de engrenagens. Ali onde há muita gente e poucos signos, poucos pontos de variação e poucos ângulos, é porque sempre há também, inscrita no espaço, uma tendência à uniformização e à recitação, um apagamento das singularidades plurais: a linguagem da tonalidade local, a produção de um acento, é o que resulta de milhares e milhares de pequenas inflexões diferentes, nunca é a recitação do Um. Diante da recitação do Um a cidade se apaga para dar lugar à passagem dos exércitos. Os exércitos ostentatórios do totalitarismo são os mais visíveis, porém há outros mais astuciosos, que estabelecem também, com mais eficácia e sem terror, cadeias de objetos e de seres bastante semelhantes.

A propósito do tempo agora. A cidade palimpsesto é como um sistema de camadas friáveis que acabam por se emaranhar e entre as quais a memória se conserva se dispersando. É verdade que essa enorme deposição precisa de tempo, e isso significa que o que é novo ainda não teve, por definição, esse tempo. O novo é, contudo, por si mesmo, um regime de signos, ele tem uma capacidade – ou uma incapacidade (penso nas cidades novas) – de se dispor em relação ao tempo, de acolher o tempo que vem: é óbvio que isso está ligado à qualidade da obra urbana, à riqueza de direções que é oferecida ao passante. É o passante, o filho do tempo que passa, é ele, deveria ter sido ele, o verdadeiro *modulor*, o verdadeiro modulador ou modelador do espaço, sua medida: alguém que se move, que vê, que esquece e que se lembra, que morre. Alguém que passa, que habita o tempo, a residência móvel do tempo em que também a cidade se inscreve ao se usar. Ora, há aqui, como se sabe, uma distância entre a projeção arquitetônica que não prevê o tempo dessa usura e o uso que habita em seu seio. Desde os gregos e o plano puro hipodâmico existe esse hiato entre a definição do desenho urbano (de novo o discurso) e a realidade que vem se insinuar nele (de novo a fala): entre canteiro de obra e ruína, o existente é uma pura elasticidade, um tempo simultaneamente cristalizado e dilatado, que cruza e recruza os recitativos e as árias, os vestígios e as premonições, as proveniências e as destinações. O que a cidade diz é tudo isso de uma só vez, é sempre um pouco de tudo isso disposto como sentido e orientado numa certa direção em relação ao tempo.

A propósito, enfim, da fragilidade dessas massas de signos por meio das quais a cidade desdobra seu fraseado. Estaria aqui em jogo a questão do patrimônio, a questão da extensão considerável desse "valor de rememoração" que Alois Riegl foi o primeiro a identificar em seu livro *O culto moderno dos monumentos*,[2] ao observar que, em relação à sua época, esse valor viu crescer seu campo de aplicação de maneira quase exponencial. Os elementos reconhecíveis do discurso urbano – os monumentos – foram, naturalmente, os primeiros a entrar, uns após os outros, no grande cesto da memória oficial ou apenas histórica, seguidos depois por inúmeros outros elementos, em particular por elementos de textura. Ao ponto que hoje somos confrontados a empilhamentos, até mesmo a engarrafamentos do que poderíamos chamar de *signos assinalados*. Resta saber se esses signos, uma vez assinalados, se mantêm na verdade de sua força de apelo inicial, força que está ligada, na maior parte do tempo, a uma certa discrição. Tomarei aqui outro exemplo: não mais Barcelona, não mais uma cidade de renome, e seu centro, mas uma cidade que continua a sofrer em cheio os efeitos da desindustrialização, uma cidade que foi, portanto, um dos florões da indústria, têxtil nesse caso, quero dizer, Roubaix.

Estamos aí em outras dimensões, em outras narrativas, em outras sedimentações. Longe da história monumental e, no entanto, revolvidas pela memória e por um desejo de rememoração que trabalha por todos os lados, mas que é superado por aquilo que, por si mesmo, se lembra: há nessa cidade algo como uma corrida entre o regime do signo assinalado (por exemplo, uma fábrica reabilitada, exibindo sua arquitetura renovada para um novo uso) e o regime, mais abundante, do signo abandonado, aquele que acena – se faz signo – por seu próprio abandono (tal espaço urbano negligenciado,[3] como se diz, ou tal fábrica simplesmente fechada, ou tal porção de rua com casas caminhando para a ruína). Corrida entre uma memória-discurso e uma memória-fala, com chaminés-vestígios e ervas daninhas, com zonas de esquecimento e sombras. No estado em que se encontra, o que a cidade de Roubaix, nos bastidores de Lille – sua vizinha rica, europeia, relançada com *new look* –, mantém como promessa é apenas esse silêncio, essa espera em que o passado se demora, sem uso, e em que o futuro tarda, sem projeto: é como um presente suspenso, vago e desorientado. Não se sabe o que é, ou seria, necessário: números voltando sob a monotonia, empregos, trabalho, o pleno emprego do tempo e dos signos, sim, é claro, tudo isso em primeiro lugar e antes de mais nada, mas, enquanto se espera, uma espécie de retidão na entrega dos fraseados, e tudo o que se vê vai nesse sentido, entrega apenas um sentido nu, distante de todo patrimônio, na contramão de qualquer classificação possível. Como todas aquelas vitrines que as pessoas fazem com três bibelôs colocados entre a cortina e a janela, objetos voltados para a rua dirigidos ao passante – um golfinho de vidro surfando numa onda azul, uma boneca crioula, um pêndulo, uma concha, exatamente aquilo que chamamos de nadas, sem os quais, contudo, uma cidade não falaria mais. Signos que não são arquitetura, mas que são indissociáveis do tempo e do lugar que os oferecem, essas ruas com pequenas cercas ainda de tijolo, essa exibição horizontal da forma que continua a ser, de todo modo, uma forma e que tem sua probidade.

Eu poderia ter escolhido cantos litúrgicos, mas preferi esse murmúrio, pensando que por meio dele a oposição que tentei traçar entre discurso e fala seria eloquente e que, à arquitetura, sempre e ainda por vir, ela diria alguma coisa: não se cale, mas venha, volte, esteja próxima, devolva-nos o distante a que temos direito: dê um lugar a nossos signos, um campo a nossos pensamentos, é exatamente a mesma coisa, é o mais difícil.

NOTAS

1 O *prospecto* é um conceito desenvolvido por Nicolas Poussin em seus escritos sobre a arte. Oposto ao *aspecto*, ele designa a parte projetiva da arte, o que nela é desígnio, ideia.

2 Alois Riegl, *Le culte moderne des monuments. Son essence et sa genèse* [*O culto moderno dos monumentos. Sua essência e sua gênese*], Paris: Éditions du Seuil, 1984.

3 Ver ensaio "Sobre os espaços negligenciados parisienses", mais adiante. (N.T.)

A CIDADE ARBORESCENTE[1]

A cidade arborescente (*La ville buissonnière*) foi apresentado no colóquio *"Imaginer, dire, faire la ville"*, no Pavillon de l'Arsenal, em Paris (março de 2002).

A cidade; cada cidade. Se olharmos um mapa em grande escala, tudo parece simples: as cidades são pontos separados por espaços que não são cidades, eles próprios pontuados por pontos menores que formam as pequenas cidades. Uma espécie de harmonia preestabelecida em que a hierarquia do número parece se realizar por si mesma, um quadro de partida de certa forma suspenso e em que o valor do nome assina a indiscutível identidade de cada ponto. Mas basta que nos aproximemos, que passemos a escalas menores, que abandonemos o mapa e a escala para passar ao 1/1 do real, e tudo se complica, cada vez mais. O limite que o ponto ou a pequena superfície acinzentada ou rosada inscrevia no mapa se dissolve: não apenas a cidade deixa de ser um ponto ou uma superfície legíveis como tais, como também ela se desdobra, se estende, parte, recomeça, tentando em torno dela uma margem que se amplia e que a vela ao mesmo tempo que a revela. Para as grandes cidades, como se sabe, essa zona-tampão, esse vestíbulo entre o que é ou foi a cidade e o que não é mais, ou ainda não é, assume proporções gigantescas; estamos em algo que não é a cidade tal como a representamos de maneira habitual (e que não é mais pensável hoje como simples "subúrbio"), mas que faz parte dela e depende dela.

(Essa posição deve ser nuançada no que diz respeito às cidades situadas à beira-mar, para as quais a costa constitui um limite indiscutível, e é impressionante que Nova York, que sem dúvida foi, ao menos por um tempo, a "capital do século XX", oscile em sua imagem entre o dédalo extenso e rasteiro de seus subúrbios terrestres e a fortaleza que ela é, vista do mar. O modo como a *skyline* reconstitui o limite seria uma questão a ser desenvolvida.)

Durante muito tempo, contudo, as cidades foram claramente circunscritas. Lembremo-nos disso. Sem termos que remontar à Idade Média (época que figura para nós a autonomia da cidade decretada, da cidade-cidadela), ainda acharemos cidades que são pontos como esses, declarações de si no espaço. Jean-Jacques Rousseau tem 16 anos (estamos, portanto, em 1728) e ele passeia num domingo com seus camaradas: "Em nossos passeios fora da cidade, eu sempre ia adiante sem pensar na volta" (*Confissões*, livro I). Uma vez, duas vezes, ele se deixa apanhar, é essa sua expressão. Em outros termos, ele volta tarde demais, as portas de Genebra foram fechadas, ele tem que passar a noite fora. Na terceira vez, como se sabe, ele não voltará, seu destino começa. Mas como é simples, topológica e simbolicamente simples! Há, de um lado, essa entidade que se fecha à noite em si mesma e, de outro, fora dela, o "vasto mundo". O que quer dizer que a cidade, na medida em que é e quer ser ela própria, não é o vasto mundo e não quer saber dele. Dirão que aqui é apenas Genebra, cidade relativamente pequena e república particularmente retraída, ainda cercada, em todo caso, na época, de muralhas. Mas basta nos projetarmos um pouco mais longe no tempo, ainda com Rousseau, e para uma cidade maior, para a cidade que é, inclusive, naqueles tempos, a maior cidade possível, Paris. E veremos que mesmo sem muralhas e sem portas que se fecham à noite, o limite ainda é visível, sensível, e o campo bem próximo: o que é tão impressionante para nós, quando lemos o segundo "Passeio" – o do fascinante relato do acidente no decorrer do qual um cachorro que se lançou à frente de um coche derrubou Rousseau –, é essa proximidade do campo ou, ao menos, de um subúrbio rural: a pouco mais de uma hora a pé de sua casa, e ele morava no centro, Rousseau podia herborizar.

Entretanto, é preciso notar que o claro limite que dava consistência ao relato de Genebra já tremulou. Paris não se separa mais do vasto mundo como Genebra. De certa maneira, pode-se dizer que já o integrou a si. No entanto, ainda estamos antes da revolução industrial, e aos nossos olhos, para nós que já estamos além da revolução e até mesmo além de seu refluxo, a impressão que triunfa não é tanto a de uma imensidão, já adquirida e sentida, quanto a de dimensões apesar de tudo pedestres, praticáveis, em todo caso compatíveis com a duração de um único dia. O que a revolução industrial vai instalar, e que com o tempo só fará aumentar, é uma imagem e uma escala bastante diferentes da cidade, é o que poderíamos chamar de integração definitiva do vasto mundo ao mundo da cidade. Da cidade ou ao menos da metrópole, *a fortiori*, hoje, da megalópole, da qual não precisamos mais, no fundo, sair (que tenhamos vontade de fazê-lo é outra questão): a cidade se tornou, não um microcosmo – isso ela sempre foi –, mas um mundo, um cosmo de seres, de formas e de pensamentos autossuficientes. Essas dimensões, que são as da fabricação de um mito da grande cidade, as da cristalização das imagens nesse mito, hoje não se limitam mais a um pequeno número de cidades como Paris, Londres, Nova York, Berlim, Tóquio, Moscou e algumas outras, elas se referem, no mundo inteiro, a um número considerável de cidades e com frequência de cidades cujo crescimento desmesurado não é antigo. Por meio de viagens, é claro, mas também da literatura, do jornalismo e das artes visuais, estamos a cada dia mais expostos a essa imensidão e a essa desmedida, cada dia nos envia imagens e narrativas desse mundo novo que é o nosso e que representamos para nós mesmos com bastante facilidade.

Mas o que representamos assim? Será a cidade, na medida em que formaria, independentemente de sua extensão, uma unidade reconhecível, ou, ao contrário, uma espécie de urbanidade – ou de não urbanidade – universal? Ou um ser vivo suscetível de desdobrar em si e em torno de si fraseados novos, ou um ser factício que não teria quase mais nada a não ser a residência agora vazia de seu nome?

Há muito tempo que, de um lado, a cidade não é mais algo que possa nos representar de maneira equânime e genérica e que, de outro, cada cidade tomada à parte pode ser o objeto de uma representação integral, estreitamente bordejada, complexa, talvez, mas compacta e segura. Todas as imagens que nos vêm à mente para caracterizar a cidade – a imensidão, a colagem, o palimpsesto, o crescimento – são imagens que ratificam uma dissolução dos contornos e dos gêneros e uma espécie de superposição. Não apenas a cidade é caleidoscópica, isto é, compósita e cambiante, como também tudo se passa como se ninguém pudesse ter certeza de ter em mãos o mesmo caleidoscópio que seu vizinho. Será que é o caso de dizer que não há mais nada, mais nenhuma identidade da cidade, de cada cidade, e que se impõe a constatação de uma espécie de fuga para a frente de aspecto bastante catastrófico rumo a um lugar nenhum generalizado, rumo a um *no man's land* que estaria, no entanto, estranhamente saturado?

É evidente que não é assim, que continuamos a experimentar, apesar de tudo, que estamos "em algum lugar" e que participamos, ainda que no mais descosturado e mais desfeito dos tecidos, de um segredo. De onde vem isso? De onde vem essa resistência da tonalidade local, justo quando ela não é mais decretada, não é mais cercada, mas se oferece e se abre? A essas perguntas, que não são meras perguntas teóricas, que são perguntas postas pela marcha e pelos deslocamentos de todo tipo que se pode fazer nas cidades, é difícil responder. Ali onde tudo ou quase tudo foi dura e claramente formado pela História, e, portanto, por estilos e materiais, por uma cultura ao mesmo tempo consuetudinária e culta, a resposta parece simples. Porém, em outro lugar, no descosturado e no frouxo, no que sequer teve ainda o tempo de pegar, como é possível que haja também – e digo isso distante de toda exaltação "emergente" – uma possibilidade de existência, e o esboço de um caminhar que seria reconhecimento?

Os surrealistas tiveram a chance – que eles aproveitaram – de poder inventar seu próprio mundo de conexões e de pensamentos numa cidade que era mais ou menos aquela que Baudelaire tinha visto surgir sob seus olhos. Essa cidade, bastante misteriosamente, continua ali, embora não estejamos mais na época dos surrealistas e de Benjamin (que, quando escreveu seu grande livro sobre a Paris do século XIX, ainda tinha essa cidade à sua frente). Tudo se passa como se essa cidade-labirinto, cujos efeitos podem ser notados nas passagens, nos *boulevards*, nos jardins, estivesse inserida, talvez como uma joia, num espaço muito maior do que ela, muito menos formado do que ela. Pode-se ver muito bem a mudança ou a quebra. Entre as fotografias que Doisneau tirava nos anos 1950 e as de Marville, em seguida de Atget, em seguida de Kertész, a corrente passa, é a mesma cidade, é o mesmo preto e branco e, eu diria, a mesma emulsão. Mas acabou, desde então tem outra coisa, e quando, no fim da vida, teve que fotografar a periferia, Doisneau teve a força de reconhecer: ele não o fez à maneira de Doisneau (ele poderia tê-lo feito, é claro), mas olhou o que estava à sua volta e fotografou de outra maneira, em cores, de um lado, tentando não encontrar mitemas que teriam de algum modo ostentado sua marca, tentado não encontrar cantilenas ou ares conhecidos.[2]

Essa "segunda periferia" de Doisneau, e tudo o que se parece com ela na própria cidade, é com frequência apreendida por nós como uma perda; é bem verdade que em muitos aspectos ela o é e que as faltas do urbanismo do pós-guerra são patentes, fazendo com que seus habitantes paguem caro pelo direito à habitação que lhes foi consentido. Para nós, o ser da cidade só se desenvolve por completo na *flânerie*, como estabeleceram com tanta clareza Walter Benjamin e, hoje, Karlheinz Stierle,[3] em seus grandes livros sobre Paris. E poderíamos definir não toda a periferia, mas uma grande parte dela, ao menos a das *cités* e das novas zonas de pequenas casas,[4] como espaços sem *flânerie* e sem *flâneurs*, como espaços que não os chamam nem os recomendam e que até mesmo, por vezes, os proíbem. Desdobrado num estranho acordeão de possíveis que vai do dândi ao vagabundo, o *flâneur*, enquanto flana, é associal e solitário. Apartado de toda atividade produtiva, mas circulando entre os condenados da produção, é aquele que vê melhor, por estar imerso e dissimulado nele, o corpo social compósito de que é feita a cidade. Ele é seu topógrafo, seu colecionador, seu repórter anônimo, seu *connaisseur*: toda cidade é para ele um caminho arborescente, do cosmo da linguagem da cidade ele conhece os nomes, as flexões e as senhas, do cosmo de pensamentos da cidade ele conhece os rumores, sabe reconhecer os acentos, as inclinações, as emoções. Retirado, ainda que provisoriamente, da atividade, ele não entra, contudo, na dimensão do lazer, que continua a ser uma forma de atividade. Sua posição é enviesada, ele é apenas esse puro movimento de uma partícula urbana que decidiu por um tempo ser errante, e nesse movimento que o leva, antes de mais nada ele olha e vê.

O movimento do *flâneur* se distingue daquele de quem se desloca no interior da cidade com um objetivo particular, esteja este ligado à rotina ou à exceção. Desse modo, ele também se distingue do movimento do turista e, até mesmo, do movimento do viajante. O *flâneur* pode ser um *flâneur* apaixonado, exclusivo, mas assim como há em sua busca espécies de paradas e de parênteses, há também, no próprio seio da atividade, bolhas de *flânerie*, puros momentos pensativos, além dos transportes coletivos (o ônibus, o trem, o metrô, quando é aéreo, são, desse ponto de vista, verdadeiras "câmaras de bolhas" rolantes). Poderíamos dizer as coisas assim: há em quase todo passante anônimo um *flâneur* latente, e a propensão das cidades a se transformarem em mitos de si mesmas depende da velocidade e da frequência com as quais essa transformação em cada um de seus habitantes é bem-sucedida. Estamos aqui no centro de um laço dialético que é um laço de amizade entre a cidade e aqueles que a atravessam: quanto mais a cidade é olhada, olhada desse modo, mais ela se torna real e distinta. É como se os próprios olhares se tornassem visíveis, produzissem visibilidade. Esse é o sentido da fórmula encontrada por Franz Hessel, o amigo de Walter Benjamin, quando escreveu em seus *Passeios por Berlim*, em 1929, a propósito de edifícios recentemente construídos, que "eles ainda não tinham sido olhados o bastante para se tornarem visíveis". Franz Hessel toca aí no próprio ponto que Doisneau encontrou ao fotografar aquela segunda periferia parisiense de que eu falava, mas o que se deve compreender é que essa acumulação de olhares não se confunde nem com uma simples pátina nem com a constituição de valores, sobretudo de valores patrimoniais. A cidade do *flâneur*, a cidade flanada, como poderíamos dizer, ou a cidade arborescente, não é nem uma lista de monumentos notáveis nem uma lista de recantos secretos elaborada por antecipação. O *flâneur* não encontra o acontecimento da cidade, o acontecimento que ela é a cada dia para si mesma, nem em horas fixas nem em função de uma grade de leitura existente. Ele se apresenta ao existente em que o acontecimento se constela, ele recolhe apenas reflexos, cintilações, brilhos: entre o *flâneur*, o fragmento e o indício escreve-se um romance descontínuo que tem suas panes e seus despertares, suas bifurcações e seus becos. A cidade flanada é um tecido de conexões infinitas de que o *flâneur* é apenas o sujeito provisório. A "memória" que ele encontra ou toca de leve não é aquela, constituída e depositada, dos monumentos, mas aquela, constelada, de partida, viva e por desaparecer, dos ecos que a cidade eleva nele.

Ora, é preciso dizer que o ganho patrimonial, com todas as suas previsibilidades (painéis, sinalizações, áreas abertas e coisas piores), vai no sentido oposto ao dessa vida, tudo se passa como se ele depositasse pedaços de cidade sobre pedestais propostos ao consumo. Não apenas o *flâneur* nada encontra ali que o interesse, como também a cidade perde seu ser, deixando crescer em seu seio zonas inteiras que são zonas de olhar obrigatório e em cujo interior o passado, em vez de voltar com liberdade à tona como uma bolha do fundo de um poço, é capturado e exibido com pinças. De tal maneira que entre essas zonas e aquelas, bem diferentes, em que ele não tem direito de cidadania, o *flâneur* vê seu território de caça diminuir e tem que se concentrar, o que é muito pior para ele, em espaços que não são nem os da retomada patrimonial nem os do negligenciamento periférico. Um centro da cidade inteiramente revisto e corrigido pelos profissionais da ordenação patrimonial e uma periferia abandonada ao cinismo e à especulação, é esse o inferno do *flâneur*, e sabemos que muitas cidades do interior, de médio porte, na França, não estão longe de atingir esse "modelo".

Seria possível dizer que o *flâneur* se tornou uma espécie em extinção ou um tipo de flor tardia que não teria mais a seiva que o século XIX e depois o XX lhe proporcionaram de maneira tão abundante? É uma questão que vale a pena colocar e que subentende várias séries de interrogações relativas ao devir das cidades hoje, diante das quais, como se pode sentir, nem o discurso nostálgico dos bons velhos tempos nem o discurso amnésico da "cidade emergente" são satisfatórios.

Em primeiro lugar, volto a isso: a *flânerie* não é um luxo. Ainda que acompanhe uma boa parte da literatura dos séculos XIX e XX e que, como tal, faça parte do "ofício" do escritor, ela jamais se constitui como categoria social reservada, ela jamais se separa da disseminação e da espontaneidade que são seus princípios ativos. E se os territórios que são os seus sem dúvida correspondem, historicamente, a um certo estado do desenvolvimento urbano, estado em que a rua é a figura central e o motor, nada nos impede, talvez, de considerar, fora de suas áreas conhecidas e consentidas, um futuro da rua, um retorno à rua, aliás já envolvido em vários projetos urbanos há algum tempo. Aqui, duas perspectivas se abrem: de um lado, uma saída dos *flâneurs* para fora das trilhas bem batidas da linha central da *flânerie* (a linha tão apreciada que vai, digamos, de Rousseau aos situacionistas e a coisas que podemos ainda ler na literatura de hoje), de outro lado, um trabalho sobre a paisagem das periferias e das zonas novas que saiba se opor aos maus hábitos que se constituíram ali e que, a partir do existente, vá ao encontro de possibilidades de ocupação urbana talvez desconhecidas.

A extensão das franjas da *flânerie*, em primeiro lugar.

Para falar da questão, tomarei dois exemplos muito diferentes: as cidades históricas da Itália e Tóquio. À Itália, aconteceu-me várias vezes, no decorrer dos últimos anos, de ter que ir para trabalhar, podendo, portanto, escapar, em certa medida, da condição transitória do viajante, e, sem ser propriamente um habitante dessas cidades (Parma, Milão e Roma), reencontrar de maneira espontânea, durante as horas livres deixadas pelo trabalho, as condições ideais do *flâneur*. Essas cidades, como se sabe, sobretudo Roma e Parma, são mundialmente conhecidas e apreciadas por seus monumentos e pelo dédalo de suas ruas e ruelas, pela leveza de sua atmosfera noturna. Longe de mim a ideia de discordar disso ou de negar o talento que elas têm, até mesmo em seus centros e zonas monumentais, para escoar essa celebridade sem peso. Mas o que senti ao passear, não nessas zonas, mas em bairros não assinalados e em subúrbios, foi um desdobramento e uma correção das imagens de cidade que eu tinha permitido se formarem em mim. Assim foi que, ao deixar de privilegiar o belo e o antigo, eu me abria a uma outra Itália, talvez menos gloriosa, mas mais enterrada em si mesma, mais improvisada, mais verídica. Ali onde cessava de se impor o tipo, ali onde começava a vir algo menos formado, menos proclamado, vinha também, sub-repticiamente, sem insistir, uma espécie de ritornelo, ou de canto a meia-voz, como se, ao lado das árias do *bel canto* de que o centro teria a prioridade, um rumor diferente, aveludado e iniciante, tivesse penetrado no ar. Do que é feito exatamente esse rumor, eu não saberia dizer, de tanto que ele é ao mesmo tempo misto e murmurado, discreto; sei apenas que ele se confunde com algo solar e pálido, outonal, que em Parma ele se colore com um tom de castanhas e de laticínios que lhe vem do campo, sei também que ele se confunde com uma lanterna sempre acesa que, num subúrbio, ilumina a placa de mármore em que estão escritos os nomes das vítimas de um bombardeio, o qual, durante a Segunda Guerra Mundial, destruiu todo o bairro, enquanto um estacionamento meio selvagem aberto entre as casas continua a testemunhar o desastre, mas sem nenhum *páthos*, simplesmente assim, entre um restaurante chinês ostentando também lanternas, mas vermelhas, e uma mercearia de bairro enlanguescida numa sesta eterna.

    Longe de mim a ideia de querer, desse modo, renovar a "poesia dos subúrbios" e sua melancólica elongação. Quero apenas dizer que uma emancipação é necessária, e que uma imagem desdobrada das cidades contém os germes de uma *"flânerie ampliada"*, se quisermos retomar aqui o motivo da amplificação que Novalis desejou para a poesia. Uma ampliação que conteria novos motivos, que abraçaria novos territórios e que destrataria o corte entre centro e periferia, que funciona de maneira demasiado automática. Eu poderia multiplicar os exemplos, mas tomarei apenas mais um, o de Tóquio, como anunciei, talvez, em primeiro lugar, porque, no caso dessa cidade imensa e que de fato não tem centro, a composição urbana transborda ao infinito. Mas pode-se, aliás, segundo os critérios habituais, falar de composição a seu respeito? A verdade é que, um belo dia, como se diz, atravessei o Sumida para chegar a esses bairros modernos e sem grande renome que ficam em sua outra margem e que recobriram o tecido antigo de ruas e de canais em que Nagai Kafu – que é o grande *flâneur* de Tóquio – situou a maior parte de seus contos e romances, isto é, de suas lembranças. E ali, nessas ruas que se cortam em ângulo reto, formadas de construções modernas ou abandonadas, de um quiosque a uma loja de esquina, de um edifício novo a um templo, sem se anunciar de nenhuma maneira, sem ronronar ou tentar impressionar, alguma coisa veio com a noite, alguma coisa que, é claro, me vinha das leituras de Kafu, mas que não se baseava em nada que fosse imediatamente palpável ou que pudesse fazer citação. Sem referências e sem testemunhas, uma sucessão de nadas sucessivos portava, contudo, com a força dos braços a maquete de um mundo extinto que despertava: com muito esforço, justamente, com muito esforço, e tudo cabia aí, nessa discrição.

O que sentimos, então, não é tanto a glória, a humilde glória de nossa própria *flânerie*, quanto o movimento de empatia para com a cidade, que parece aceitar que a sondemos, que se abre com suavidade como se uma gaveta a contivesse. E é por momentos como esses que retornamos, que desejamos retornar.

Contudo, ali onde nada parece saber ou querer jogar, ali onde as tomadas ofertadas à sensibilidade do passo se tornam tão pouco numerosas, o que será que acontece? Será que ali também, apesar de tudo, a frase de Franz Hessel poderá um dia se revelar verdadeira e que, à força de serem olhados, esses torres, esses edifícios em fita e essas casas alinhadas em sequências amorfas se tornarão eles também visíveis, será que eles também farão parte de uma totalidade aberta e capaz de jogar? A situação atual desses bairros – na França ou alhures – não nos deixa necessariamente pensar assim, e aqui parece de fato que o corpo urbano está amputado e condenado a sobreviver a si próprio de prótese em prótese. Hesitamos, então, diante da amplitude e da violência dos problemas, em propor soluções, que correriam o risco de se somar à lista já longa de boas intenções e votos piedosos.

Entretanto, em toda parte onde algo de real foi tentado, algo, quero dizer, que fosse além da simples reabilitação, vimos a situação melhorar em proporções surpreendentes, e a cada vez, creio que isso fica muito claro, muito fácil de reter como lição, a decisão não foi aquela, puramente simbólica, de uma grande construção ou de uma grande destruição, mas a da criação de um fio, da tensão de uma linha ou de uma rede. Darei dois exemplos, um fio e uma rede, pois:

O fio é o *tramway* que vai de Saint-Denis a Bobigny, na periferia parisiense, e que atravessa, portanto, zonas no mínimo negligenciadas, zonas que são, de todo modo, exemplares dos grandes erros cometidos não faz muito tempo. Não digo que o *tramway* corrija esses erros, mas que, circulando entre eles, os atenue ao costurá-los uns aos outros. Construído e desenhado com muito cuidado, em sítio próprio, com, por vezes, como na avenida Lénine em Bobigny, um longo e alto cordão de tílias em espaldeira separando as duas vias, ele funciona não apenas como um meio de transporte, mas também como uma espécie de ágora móvel em que o movimento dos passantes, nas paradas, e a situação dos viajantes, quando ele circula, se reconciliam com um dos mais antigos prazeres da grande cidade. É possível que o que se vê pelos lados não responda ao chamado, no entanto ao menos o chamado foi lançado com grande clareza e, ao que me parece, foi ouvido.

O outro exemplo, o de uma rede, é uma realização feita há alguns anos numa *cité* de Saint-Nazaire, e que creio ser bastante eloquente. Uma *cité* banal, como encontramos em toda parte, e que caminhava devagarinho (sem violências particulares) para o abandono. Para começar, foi preciso, é o mínimo, "reabilitar" os próprios edifícios, mas, como se sabe, essa solução é incipiente e, além disso, provisória. O que foi feito é de ordem bastante diferente: constatando que, nessa *cité* como em todas as outras, a marcha dos pedestres tinha traçado suas trilhas e seus caminhos sobrepondo-os à grade puramente geométrica das circulações previstas pelo plano inicial, os paisagistas responsáveis pela *cité* decidiram levá-los em conta. Como esses caminhos "selvagens" correspondiam a lógicas de circulação reais reinventadas pelos habitantes, eles os consolidaram, arranjaram, iluminaram. De tal maneira que hoje, à trama diretiva e esquemática do primeiro plano, superpõe-se a trama de um plano vivo, que funciona e que – tenho mesmo que dizê-lo? – estimula e mantém a ligação à maneira de uma rede de ruas. É sem dúvida pouco, e pouco espetacular, mas é exemplar. Pois é utilizando algo existente, algo posto e secreto, que o projeto se desenhou. A nova legibilidade do tecido se constitui a partir de uma leitura e, por mais longe que estejamos aqui de suas formas habituais, estamos, contudo, em cheio na lógica da *flânerie*. Pois, nesse projeto, considerou-se que cada passo contava, que cada passo era uma escrita, e foi lendo essas escritas que se escreveu algo novo. A partir disso, uma nova leitura pôde começar, uma leitura feita hoje, com caminhos que são "práticos" e lógicos, e que, sobretudo, como estados intermediários entre a alameda e a rua, se prestam também ao passeio, à *flânerie*. Dirão que é somente um começo, mas, justamente, é isso que conta.

NOTAS

1 Em francês *"la ville buissonière"*, que ecoa em primeiro lugar a expressão *"école buissionnière"*. *"Faire école buissionnière"* significa, primordialmente hoje, "matar aula", mas originalmente remete às escolas clandestinas criadas nos campos (em meios aos arbustos – *"buissons"*), no século XVI, pelos adeptos do protestantismo, por oposição às escolas das vilas e aldeias, então controladas pela igreja católica. No sentido figurado, remete à liberdade de espírito e da imaginação, reverberando também o princípio da *flânerie*, como se verá. (N.T.)

2 Essas fotos, pouco conhecidas, figuram em *Paysages Photographies* (Paris: Hazan, 1989), o lendário álbum iniciado pela DATAR (Délégation à l'aménagement du territoire et à l'action régionale [Delegação de ordenamento do território e de ação regional]).

3 Karlheinz Stierle, *La Capitale des signes* [*A capital dos signos*], Paris: Éditions de la Maison des Sciences de l'Homme, 2001.

4 Em francês *"zones pavillonnaires"*, ver nota 1, p.59.

SOBRE
OS ESPAÇOS
NEGLIGENCIADOS[1]
PARISIENSES

Sobre os espaços negligenciados parisienses
(*Sur les délaissés parisiens*) foi publicado no volume coletivo *Atlas de la nature à Paris*, Le Passage / APUR, Paris (2006).

Estranha fortuna das palavras: ninguém mais, ou quase ninguém, fala hoje de terrenos vagos, e ali mesmo onde a noção de vazio urbano[2] parecia dever se impor, é o uso do particípio passado substantivado *délaissé* [espaço negligenciado] que parece triunfar. Um espaço negligenciado, espaços negligenciados, todos entendem, agora toda cidade tem seus espaços negligenciados, assim como tem seus monumentos ou seus bairros, mas o que quer dizer de fato, o que implica o negligenciamento ou o abandono, o que está em jogo com esse vocábulo, será que ele tem algo a esconder, ou a revelar?

Les Délaissé(e)s/ [*Os/ As Negligenciados/as*] poderia soar de início como um título de melodrama, nesse caso, mais do que lugares, seres é que seriam designados, seres ao abandono, com os quais ninguém mais se preocuparia. O negligenciamento seria, assim, um estado, a posição de alguém que foi esquecido, com quem os laços foram rompidos e ninguém criou novos. Mas em outro plano, talvez menos substantivado, a palavra tem uma ressonância bastante diferente, quase jurídica, por meio da qual ela designa praticamente apenas um tipo de lugar, os lugares abandonados, e aí sua vibração é tênue – menos intensa, em todo caso, que a de terreno vago, facilmente poética, ou que a de vazio, que é mais genérica. A verdade é que, entre esse estatuto mais ou menos neutro e a pontinha melodramática que ela não esquece, a palavra oscila.

Negligenciado seria aquele ou aquilo a que não se daria mais atenção. O espaço da *cité* é ou deveria ser o espaço da atenção, da maior atenção possível. Aquilo em que se pensou, aquilo com o que se ficou preocupado: espaço entre os homens, pensado para que esse *entre* seja de fato um entrançado. É, portanto, o entrelaçamento que se apresenta aqui como o contrário do negligenciamento. Entrançado das atenções umas para com as outras, novelo leve e não inextricável da *philia*, esse é ou seria o próprio espaço da urbanidade e, desse modo, aquilo a que as partes da cidade que se encontram negligenciadas ou fechadas sobre si mesmas escapariam.

Etimologicamente, o regime da atenção está ligado ao do olhar,[3] assim como ambos estão ligados ao regime da guarda e da salvaguarda.[4] É guardado ou salvaguardado o que é olhado, e o tempo de um olhar é sempre o de uma atenção:[5] de acordo com esse esquema, as zonas negligenciadas, escapando por natureza ao regime da atenção e vendo-se, assim, em posição oposta aos setores ditos salvaguardados, deveriam escapar também ao(s) olhar(es). Ora, elas só escapam a eles quando estão escondidas – em geral por terríveis tapumes – e, se estão escondidas, é para que sejam vistas. Há, portanto, aqui uma anomalia ou um sobressalto: o que não demanda ser olhado, aquilo a que não se dá mais atenção, é, contudo, visto, e até mesmo de longe, contrastando, desse modo, com o resto, formando um jorro, uma irrupção. Mas o que jorra assim, o que é que precipita o negligenciado no regime de uma visibilidade exorbitante? Não haveria outra possibilidade, diante desses vazios urbanos, além da alternância entre o dissimulado e o chamativo, não seriam eles suscetíveis de serem de fato olhados? Não poderiam eles, em outros termos, ser integrados à experiência e à comunidade de experiências dos passantes-olhadores por meio dos quais a cidade existe?

Como sempre quando se trata da cidade, a resposta vem andando, ela vem através do passeio. Basta ir ver. Não inteiramente ao acaso, mas considerando o fato de que, com frequência, a intensidade das atenções diminui à medida que nos afastamos dos centros, o que significa dizer que há ou haveria mais espaços negligenciados nas bordas, nos bairros mais distantes do centro e nos arredores das cidades, sem falar da periferia: o que pode ser verificado em Paris não é verdadeiro para todo lugar. Não é, por exemplo, o caso de uma cidade como Roubaix, onde os espaços negligenciados formam um arquipélago que se reparte por todo o território urbano. Aliás, em Paris também nem sempre foi o caso: o que ainda era chamado, por exemplo, de "esplanada Beaubourg" – ali mesmo onde o *campo* desejado pelos arquitetos diante do edifício assumiu hoje o valor de hipercentro – não passava, em minha infância, de uma imensa "esplanada" de fato, mas deserta e oferecendo ao mercado de Les Halles, bem próximo, agitado e vibrante, o contraponto de um espaço aberto, quase abandonado.

Trata-se hoje, então, daquilo que, nas bordas ou margens da cidade, formaria como um entorno de alvéolos – simples entalhes ou porções inteiras, pequenos parênteses que, imagina-se, logo serão fechados, ou extensões relativamente vastas em que nada ainda está resolvido, espaços múltiplos e variados em que a cidade se desagrega ou viaja, canteiros de obras que são como rasuras, ruínas que são como cicatrizes: tudo aquilo que, no texto urbano, se retrai e recusa o fraseado comum, isto é, aquela comunidade de frases que forma uma cidade ou por meio da qual a cidade se torna falante, com sua enunciação e seu sotaque, seu estilo próprio. Trata-se, enfim – no que diz respeito a Paris, mais para o lado do entorno –, de espaços não mudos, mas que não sabem pegar o tom, que não sustentam discurso, que parecem não ter nem força nem animação para isso.

E teremos na esquina do *boulevard* Sérurier com a rua de la Solidarité, no décimo-nono *arrondissement*, um simples térreo, decerto um antigo posto de gasolina, cercado de grades e formando sozinho uma pequena zona. Não longe dali, subindo na direção do bairro La Mouzaïa, mas já sendo relançados à lógica do canteiro, os antigos jardins do hospital Hérold, ou ainda, e de fato na extrema borda, em frente ao hospital Robert-Debré, de Pierre Riboulet, tão solidamente instalado em sua curva, no *boulevard* d'Algérie, escadas impraticáveis e uma espécie de escarpa saturada de ervas daninhas, e mais ainda, entre as ruas de Romainville e de Belleville, um autêntico prado selvagem com belos cardos ou, na esquina da rua de Belleville com a rua Haxo, uma simples juncada sobre ruínas, depois, já a uma certa distância, mas ainda nesse *Nordeste* que é a parte mais aventurosa e menos arrumada da capital, a visão grandiosa dos trilhos da antiga estrada de ferro periférica penetrando num túnel, tal como a vemos, virgem de qualquer trem e de qualquer presença, da rua de Bagnolet, ali onde domina, com toda a sua altivez empoleirada, o grande pousio arquitetônico da antiga Garage du Parc de Charonne.[6]

Esses são apenas alguns espaços negligenciados catados no decurso de um longo passeio – há outros, em outros bairros (há poucos dias vi um na rua des Annelets, da janela de um amigo, e outro, mais vasto, aberto, na rua Ramponeau, atrás da casa de outro amigo) –, no fundo, a despeito das diferenças de tamanho e de situação, eles têm todos um ar de família, como se declinassem o parentesco ou como se tivessem juntos um valor de refrão: se não falam como o resto da cidade, se são ignorantes (e ignorados) do (pelo) fraseado dominante, eles dizem, contudo, alguma coisa, que eles não entoam, mas gaguejam ou cantarolam – é da ordem do ritornelo, da improvisação tímida ou até mesmo do murmúrio. O que dizem, que está em torno deles como uma nuvem de sentido ainda indistinta e flutuante, é preciso traduzir, relacionar a significações. É essa "tradução" que eu gostaria de tentar, com a disposição, como em qualquer tradução, de não trair a língua de origem, mesmo que confusa ou balbuciante.

Para começar, os espaços negligenciados, que não são nem objetos nem simples ausências, são *espaços provisórios de duração indeterminada*: em sua tensão rumo a si própria, cada cidade, para viver, tem que reinventar e reequilibrar a cada dia uma trança complexa de acabado e de provisório, de fixo e de efêmero. Quanto a isso, nenhuma cidade do mundo toca exatamente a mesma partitura, mas podemos dizer que as cidades formadas ou hiperformadas, como é o caso de Paris, têm mais tendência a ampliar o reino da finição. Há aí, aliás, uma aporia, uma vez que essa tendência é ela própria produtora de canteiros de obra. No entanto, essa dialética entre a imobilidade e a mudança perpétuas se inscreve com facilidade no interior das imagens da cidade--palimpsesto, da cidade que reescreve o tempo todo sua história em seu próprio corpo: a vocação de toda obra é, naturalmente, terminar e a de todo edifício, evitar cair em ruínas; ano sim ano não as coisas continuariam assim, isto é, numa economia geral em que o provisório faz parte de um impulso dinâmico, de um devir traçado e convocado. Ora, as coisas nunca são lisas por inteiro e acontece de, na grande rede, aqui e ali, algumas malhas saltarem – e de alguma coisa que nem ainda é canteiro nem já é ruína se estabelecer, alguma coisa que retira o provisório do devir para instalá-lo no suspense de uma duração disponível. Se, como sabemos ao menos desde Baudelaire e de seu poema *O cisne*, o provisório é apenas a condensação desse destino urbano que é a mudança, a metamorfose, então o espaço negligenciado é ao mesmo tempo um rastro (um efeito) e um esquecimento (um apagamento) dessa grande mudança: rasura no texto ou borracha no desenho, o espaço negligenciado inscreve no interior do tempo urbano um outro tempo, suspenso, uma reserva.

Reserva: a palavra logo parte em duas direções – no sentido em que se fala de reserva fundiária e no que se entende como reserva natural. No plano fundiário, o espaço negligenciado resulta com frequência de um problema não resolvido e de uma espécie de vacância da responsabilidade, mas mesmo que o terreno que ele ocupa esteja *provisoriamente* indisponível, ele vale massivamente, na escala da cidade inteira e, mais ainda, na escala do complexo cidade-periferia, como reserva. Esse por-vir próximo ou distante não é, contudo, de maneira alguma perceptível: embora provisório e como tal necessariamente convocado para mudar mais cedo ou mais tarde, o espaço negligenciado como tal é necessariamente sem porvir: mesmo que dure, sua forma não passa de um sursis e o único laço que ele pode contrair com o mundo do projeto comporta para ele seu desaparecimento puro e simples.

O que está assim vacante e como que depositado, o que faz canto ou recanto no espaço urbano não é, porém, amorfo: o espaço negligenciado não apenas é um espaço vivo, é um espaço em que a vida, em sua forma vegetal em primeiro lugar, retoma seus direitos. De tal maneira que quase poderíamos definir o espaço negligenciado como uma *superfície urbana que tende a voltar a ser um biótopo*. Essa própria suspensão em que o descobrimos é, na verdade, ocupada pelo espaço negligenciado com sementes e crescimentos, improvisações, exatamente como se houvesse sob a cidade e com ela, mantida por ela em retiro, toda uma dormência pronta para despertar à menor falta de atenção. Aí também, é claro, é uma questão de tempo e de dimensões, não é a mesma coisa para um simples interstício e para uma área de vários hectares. Mas, de maneira global, é mais ou menos em todas as escalas que a retomada vegetal se insinua e depois se impõe: a reconquista é muito impressionante, muito rápida, e advém em toda parte, inclusive no próprio construído assim que o abandonamos: decerto que é bem pouco frequente em Paris, mas pôde-se ver, durante anos – hoje ela não está mais lá –, uma arvorezinha saindo de uma cornija acima de um café desativado, quase na praça da Bastilha.

Uma tipologia da vegetação de vazio urbano deveria ser feita, e teria, ela também, suas constantes e suas exceções.[7] Já sabemos de cor quais são seus dois heróis mais conhecidos, o ailanto e a budleia. Mas ao primeiro, árvore originária da Ásia cujas sementes foram transportadas, ao que parece, nas ranhuras dos pneus de aviões, e à segunda, planta arbustiva de longos tufos floridos que formam no verão espécies de fogos de artifício polvorosos, seria preciso acrescentar toda a série daquelas ervas que chamamos de acordo com os dias ou os humores de daninhas ou de loucas,[8] assim como seria preciso também considerar os conquistadores mais raros ou estritamente locais: desse modo, sempre ao longo da antiga estrada de ferro periférica que é como um catálogo dos estados de vazio, aquelas estacas em que se aclimataram grandes acácias e malvas-rosas, estas provenientes de um jardim educativo onde abundam, localizado ao longo dos trilhos, do lado da rua Belliard, bem ao norte de Paris, naqueles bairros de limites indecisos, situados em torno do *boulevard* Ney.

Do mato que cresce com grande dificuldade e coragem a partir de uma simples rachadura às trepadeiras que surgem em torções quase tropicais, imenso é o leque da retomada vegetal em meio urbano, mas seu efeito sobre o pensamento é sempre o mesmo: que a temamos ou que a busquemos, que a odiemos ou que nos deixe encantados, ela tem sempre esse poder elegíaco de indicar aos homens a usura das coisas, a lenta e inexorável erosão do tempo que passa: cada tufo de mato detém, por assim dizer, a captação de um tempo não humano, de um tempo anterior ou posterior aos homens, e se de modo algum pensamos nisso diante de um gramado bem aparado, um pouquinho, talvez, diante de um prado, a ideia se apresenta por si só no momento em que encontramos em plena cidade ou numa ruína industrial o retorno da natureza, o efeito de selvageria conquistadora, o retorno inesperado do *bíos*, do vivo, com pequenas margens apodrecidas e grandes assaltos de vento. Em *Miroirs noirs* [*Espelhos negros*], livro que escreveu pouco depois da Segunda Guerra Mundial, Arno Schmidt imagina os dias do único sobrevivente de uma catástrofe nuclear ou química, em meio, justamente, aos progressos da vida vegetal que pouco a pouco se impõe sobre o construído e as redes. Poderíamos, desse modo, ir ao ponto de dizer que todo espaço negligenciado produz um efeito de zona – entendendo a palavra não em seu sentido parisiense antigo, mas de maneira ampla e grave, tal como ressoa em *Stalker*, o filme inesquecível de Tarkovski – e que esse efeito, sempre percebido de maneira negativa na escala da administração pública e da manutenção geral do sistema, comporta, contudo, uma determinação positiva, simplesmente por fazer refletir e por entreabrir a porta da percepção para um outro tempo: não há aí nenhuma metafísica de terreno vago, nada além de uma pequena flexão na língua da cidade, como quando se diz erva daninha ou tempo perdido.

Nessa abordagem não sistemática dos espaços negligenciados parisienses, a regra do jogo consiste, como decerto se terá notado, em encontrar qualidades neles e, sendo assim, em não os considerar como puros e simples buracos a serem tapados o mais depressa possível. Não apenas eles continuam vivos como podem até mesmo ser percebidos como índices de vida. É preciso, é claro, levar em conta diferenças consideráveis: entre um lugar como a linha descontínua da estrada de ferro periférica, que desemboca continuamente (tanto no sul quanto no norte de Paris) em potencialidades utópicas quase evidentes, e um pequeno recanto apenas sujo e sem nenhum valor, não há, por óbvio, qualquer termo de comparação. Se os espaços negligenciados, em seu conjunto, têm um ar de família, isso de maneira alguma impede que reine a diferença, e em todos os casos é necessária uma análise de campo fina e intensiva antes de qualquer decisão. Em momento algum um diagnóstico parcial ou completo dos espaços negligenciados sugeriria que devêssemos deixá-los todos intactos ou considerá-los como equivalentes. Além do fato de que a *salvaguarda do espaço negligenciado* levaria a um eixo de conduta de fato paradoxal, a questão aqui é apenas buscar uma maior delicadeza na determinação dos potenciais urbanos, dar mais um passo analítico na consideração do que chamamos de existente. O que está em jogo nessa reconsideração do existente é, precisamente, uma parte de jogo, uma parte de imprecisão e de indecisão no espaço e nos espaçamentos urbanos. Eu não saberia dizer melhor que Urabe Kenkô em seu *Les heures oisives* [*As horas ociosas*], um clássico do Japão antigo (o livro é do século XIV): "Qualquer que seja o objeto, sua perfeição é um defeito." No seio do objeto urbano, assim seriam os espaços negligenciados, ou alguns deles ao menos, que deveríamos selecionar: *guardiões da imperfeição, testemunhas do inacabamento*.

Para quem ainda ache essa hipótese de trabalho demasiado paradoxal, ou chique, ou especiosa, seria necessário, para que ela se tornasse clara, opor a hipótese contrária – a de uma cidade sem defeitos, a de um corpo urbano desprovido de qualquer vazio, integralmente cultivado no sentido de sua marcha para o progresso e para a realização de si. É evidente que nenhuma megalópole ou mesmo nenhuma cidade mais ou menos vasta e numerosa pode realizar por inteiro essa imagem, mas, meio espalhados por todo o território dos países ricos, multiplicam-se os espaços que começam a lhe dar consistência: espaços de pura fachada, combinatórias de funções precisas cujos menores efeitos estão previstos, ares de uma teatralidade sem bastidores e de uma socialidade sem acasos. Não necessariamente "bairros elegantes", mas zonas – sim, a palavra se aplica aí também – de conforto máximo e de errância mínima, zonas de invariância habilmente moduladas onde nada se distingue nem deve se distinguir e onde a única perspectiva deixada para a singularidade é a do acidente ou da intrusão. Paris está em certo sentido protegida desses transbordamentos de banalização consensual pela complexidade de seu tecido, só os evoquei de fato aqui para fazer contraste.

Tampouco se tratará, aliás, de fazer dos espaços negligenciados simples antídotos para essas zonas neutras e neutralizadas. Não há aqui guerra de posições ou oposição maniqueísta. O que deve ser compreendido por meio dos espaços negligenciados é, na escala de Paris, a função, o uso possível do que não tem mais uso atribuível e visível. Em outros termos, uma pontuação, talvez, ou mesmo, com certeza, uma acupuntura: como alfinetes fixados no corpo da cidade ao longo de seus fluxos de energia secretos, certos lugares meio vazios e meio estranhos, lugares selvagens que seria o caso de domar e não de destruir, aniquilar. Sem dúvida a imagem clássica e espontânea do planejamento é sempre, e isso é normal, a do crescimento e do adensamento, também a de uma repartição ordenada, quase não deixando lugar para o acaso, a improvisação, a bricolagem. Há cidades inteiras – e isso está diretamente ligado à pobreza de seus habitantes – que só conseguem viver assim – a bricolagem e a improvisação, a sobrevivência. Não se trata de modo algum de invejá-las, seria cinismo, ou de imitá-las, seria idiotice. Mas o que podemos dizer é que, na própria miséria e nos rascunhos de escrita urbana que são tentados, algo de vivo e de verídico advém. Em Paris esses rascunhos agora não passam de pequenos bolsões, não devemos, no entanto, esvaziá-los de maneira sistemática. Na verdade, por detrás da questão dos espaços negligenciados, o que está em jogo é toda a relação de uma sociedade com a pobreza que ela gera ou que não consegue erradicar. O que fazer, o que fazer com eles? O tapume que tenta dissimular é um subterfúgio que só consegue cumprir objetivos de segurança imediata. Ora, o que gostaríamos de poder imaginar é uma relação de franqueza em que os estados das formas urbanas que caracterizam a pobreza, a começar pelo negligenciamento, seriam levados em conta: considerados, de fato, como estados das formas e não como malformações, como rebentos e não como doenças.

Aqui surgem mil soluções, à imagem daquelas estacas de acácias e malvas-rosas paralelas à rua Belliard que são por si só como uma pequena província secreta e como uma ideia nova: espaços arborizados entre edifícios, sim, penetráveis como uma mata, com lanternas, talvez, modernos equivalentes dos lampiões, ou sob o reflexo de algum neon. Jardim inacessível e selvagem que se pode ver, de toda maneira, de uma passarela ou graças a um tapume vazado e trabalhado nesse sentido (em vez dos horrorosos painéis verdes e cinzas que a prefeitura dispõe para dissimular seus vazios ou suas panes). Ou, como agora se faz habitualmente, jardim de bairro, pequeno enclave ecológico e pedagógico e também um ponto de encontro. Mas com uma insistência muito mais marcada nas estruturas leves, nas instalações efêmeras e de estação ou nos simples quiosques, nas pequenas casas[9] ou cabanas, nos pontos de previsão do tempo, tudo o que um jardim pode desejar, tudo o que uma ocupação laboriosa dos solos pode requerer. E até mesmo – isso que poderia ser tentado ao menos em pequenas escalas – espaços de pura vacância onde nada, sequer um gramado com uma alameda, existiria, onde apenas a tensão de um vazio ou de uma pura latência se faria sentir, espaço de retiro sem construção ou figura, entre dois edifícios, por exemplo, simplesmente com um solo arrumado e distinto apenas o bastante para que o "branco" da ausência de função se declare: enquanto espera, talvez, por algo melhor, mas para que a espera por esse melhor tenha lugares que se assemelhem a ele e sobre os quais nada ainda pese. Podemos novamente seguir Urabe Kenkô, que dizia que, numa construção, "um lugar reservado sem uso definido é ao mesmo tempo agradável para o olho e útil em mil ocasiões". O que se arranja assim não é uma saída, mas uma arte do parêntese e do suspense, que vale para a casa tanto quanto para a cidade inteira, e que Paris, cidade tão apertada e condensada, deveria projetar.

Em vez de uma utopia estática e marcada pelo selo do grande gesto, um gestual suave e diretivo oferecendo à cidade pequenas variações em que ela possa se reencontrar e em que se reconcilie com uma imagem de si mesma que não seja nem a de uma grande devoradora de energias nem a de um combinado residência-museu empacotado por inteiro, mas a de um recurso de surpresas contínuo, de um *work in progress* consciente de si e aberto com lucidez para aquilo que o futuro sempre terá de desconhecido. Transformar os atuais espaços negligenciados em postos de observação dessa vinda do tempo, seria esse o programa de um urbanismo não apenas meditado, mas também *pensativo*, um urbanismo com o qual por enquanto só podemos sonhar.

NOTAS

1 Em francês, diz-se simplesmente *"deláissé"*, particípio passado do verbo *"délaisser"*, abandonar. O termo, usado como substantivo, como o autor explicitará no primeiro parágrafo do texto, é recorrente no vocabulário técnico da arquitetura e do urbanismo, frequentemente acompanhado do adjetivo *"urbain"*, urbano, para fazer referência a espaços negligenciados (tradução que já adotamos em textos anteriores), abandonados ou subutilizados. Também já vimos usando "negligenciamento" para o substantivo *"délaissement"*. (N.T.)

2 Em francês *"friche urbaine"*, expressão também recorrente no vocabulário técnico e de que o autor se vale bastante, neste e em outros artigos. (N.T.)

3 Em francês, os termos são *"égard"* (atenção) e *"regard"* (olhar). (N.T.)

4 Em francês, *"garde"* e *"sauvegarde"*. (N.T.)

5 Esse desenvolvimento se inspira em páginas escritas por Philippe Lacoue-Labarthe em *"Eu égard"* ["Com atenção a"], texto publicado em *Écrits sur l'art* [*Escritos sobre a arte*], Genebra: Les Presses du réel, 2008.

6 Essa descrição do local remonta a 2005.

7 Ela foi iniciada por Christophe Père no número 4 dos *Cahiers de l'École de Blois*, Paris: Éditions de l'Imprimeur, 2006, no artigo intitulado "Compétition au sommet pour avoir droit de cité" ["Competição na cúpula para ter direito de cidadania"].

8 Em francês, *"mauvaises ou folles"*, "ruins ou loucas", os dois adjetivos usados com *"herbes"* para dizer "ervas daninhas". (N.T.)

9 Ver nota 1, p. 59. (N.T.)

RETORNO ÀS ALAMEDAS[1]

Retorno às alamedas (*Retour aux allées*) foi apresentado no colóquio *"Des espaces en partage: du jardin à la ville"*, em Chaumontsur-Loire (setembro de 2008).

No Museu Arqueológico de Saint-Romain-en-Gal, há um mosaico extraordinário. Descoberto em 1900 em Sainte-Colombe-lès--Vienne (município situado à margem direita do Ródano, bem em frente à cidade de Vienne)[2] e datado do fim do século II d.C., ele representa o castigo de Licurgo, um rei da Trácia (nenhuma relação com o Licurgo muito mais famoso, o legislador de Esparta) que, querendo impedir Dioniso de atravessar seu território, atacou Ambrosia, uma das bacantes do séquito do deus. O que se vê no mosaico é o momento em que Ambrosia, transformada em videira por Reia, a Terra-mãe a quem suplicara que viesse em seu auxílio, começa a cercar Licurgo, que tenta se defender com um machado, mas acabará sendo estrangulado.[3] Mesmo que viagens como essa sejam comuns, é extraordinário pensar que um mito ligado à "importação" de Dioniso na Grécia, atravessando o tempo e o espaço, possa ter chegado à Gália romanizada e constituir o pretexto para essa elegantíssima escrita de folhagens douradas emaranhadas sobre fundo verde. Mas o que cativa ainda mais é que essa representação, decerto ornamental, possa nos orientar para sua origem – a significação do mito – e também para nós mesmos, assumindo a forma de uma alegoria.

Mosaico de Licurgo. Museu de Saint-Romain-en-Gal

Dioniso, em todas as suas aparições, é um deus estranho, o deus do estranhamento: ele representa a porção da violência ou da fúria que o homem, que a contém, deve saber liberar e controlar, ele é o deus da própria catarse, aquele com o qual a cidade teve que negociar contratos: ao estabelecer a medida civilizada da ordem política, a cidade deve lembrar-se de sua origem obscura que, como o deus lhe recorda, não está longe e pode de repente retornar: *a origem está próxima* – foi o que Dioniso e o teatro murmuraram no ouvido dos gregos, a própria instituição do teatro é o lugar em que esse lembrete ameaçador se transmuta em elemento de cultura. Em todo caso, e é isso que nos interessa reter desta vez, Dioniso representa para a cidade, na cidade, a lembrança ativa de uma potência irracional que está nela e que ela teve que superar, mas em relação à qual ela deve fornecer garantias.

A ligação desse deus, que se tornou o Baco dos romanos, com a embriaguez, a videira e o vinho é absoluta, direta, orgânica. Ainda que a Grécia antiga e o mundo romano sejam os cadinhos em que, via a *polis* e a *urbs*, nasceu a consciência de si da forma urbana do mundo, não devemos nos esquecer de que são espaços regulados acima de tudo pelos trabalhos e pelos dias da agricultura. E, nesse mundo, tal como se desenvolveu em torno da bacia mediterrânea, o vinho desempenha um papel de primeiro plano, e a vinha figura, ao lado do campo, onde chega o grão, e do pomar, provedor do óleo, uma das superfícies mais *cultivadas* (em todos os sentidos da palavra, é claro). É impressionante ver o quanto a paisagem dos vinhedos, tal como a descreve, por exemplo, Virgílio no livro II das *Geórgicas*, se assemelha ao que conhecemos e ao que nos vem espontaneamente à mente quando evocamos a própria ideia de vinha: a saber, uma ordenação – o espaçamento regular das cepas e das fileiras – e toda a série de trabalhos que a torna possível e a mantém por meio das estações: trabalhos entre os quais domina, é claro, a poda e tudo o que se segue, queima dos sarmentos etc.

O que nos permite retornar ao afresco de Sainte-Colombe, isto é, à facilidade com que ele figura, com suas folhagens que são brotos não podados e invasores, carregados de ramos e de pâmpanos emaranhados, a videira não tratada e que volta a ser selvagem: é claro que é conforme à natureza de Dioniso que sua protegida Ambrosia tenha antes de tudo essa figura e que a vingança assuma os traços de uma irrupção da terra de pousio ameaçadora. Ainda que a ordenação ornamental do mosaico reparta a invasão das volutas de maneira regular, é claro o sentido que faz de Ambrosia e de Dioniso forças enfurecidas ou, mais precisamente, forças que se enfurecem quando o contrato acordado com elas é rompido – o que foi, por óbvio, o caso com a falta do rei trácio (que tem aqui um papel muito próximo do que é desempenhado pelo tebano Penteu em *As bacantes* de Eurípedes). Querer impedir a passagem de Dioniso pode ser interpretado em vários sentidos: um sentido político muito complexo e refinado, ligado à relação dos gregos com o Oriente, à necessidade que tiveram de ter um Oriente – que não é o caso de desenvolver aqui –, e um sentido alegórico, em que é tão somente a relação do homem com a terra que o porta que é designada; aí o sentido se desloca de seu contexto de origem – a cidade antiga, a agricultura e o vinhedo galo-romanos, os deuses – até nós, isto é, à maneira como nos expomos, assim como Licurgo ao enfrentar a força que Dioniso representava no mito, a penosos e perigosos retornos. Se é de algum modo um tsunami vegetal que submerge e estrangula Licurgo, não é difícil transpor para nossa época a lição do contrato rompido.

Licurgo poderia ter encontrado a morte de outro modo, por exemplo, em lugares distantes, selvagens, mas é justamente ali onde a relação de jardinagem entre o homem e a natureza culminou na forma mais regular, ao mesmo tempo mais apaziguada e mais trabalhada, que o sentido das coisas se inverte e ele perece: é, portanto, uma terra de pousio, é a subitaneidade de uma terra de pousio que estrangula o rei. O que age por meio de Ambrosia é o retorno do vegetal a si próprio, à sua força de envolvimento e de crescimento contínua, desordenada, selvagem. Mas a ordem extinta pelo deus que se vinga não é somente a da vinha e de suas fileiras regulares, ordenadas como num desfile, é, por meio dela, a ordem da cidade, que, ela também, só funciona quando regula em seu seio um dispositivo complexo e harmônico de espaçamentos e de distâncias. O campo, e mais ainda a vinha ou o jardim, na medida em que são lugares arrumados, arranjados, compostos, são projeções na extensão do próprio esquema e da geometria por meio dos quais a cidade existe e se funda. Como indício dessa dimensão política da terra jardinada, podemos citar aquele trecho de Virgílio em que ele recomenda que o cultivador divida a vinha em "alamedas uniformes", não apenas, diz ele, para que sua perspectiva repouse o espírito, mas também para que a terra forneça a todas as cepas a mesma força e para que todos os ramos disponham do mesmo espaço para crescer.[4] Não estamos mais na Grécia, no espaço exigente da fundação democrática, mas vemos o quanto os traços fundamentais postos por essa fundação entraram nos costumes, sobrevivendo ao ser da cidade democrática, o qual, aliás – é preciso lembrar –, jamais existiu integralmente como tal: o que regula a vinha é a isonomia, e essa igualdade das cepas e ramos entre si é também, de maneira espontânea, descrita como algo que a força a apaziguar o espírito. A razão técnica – agronômica, se quisermos – da isonomia é logo duplicada pelo traço propriamente estético da repetição ritmada das fileiras que se sucedem.

Essa igualdade, ou ao menos essa tensão entre uma ordem econômica e uma valência estética que é a da *dispositio*, pode ser encontrada em ação em toda parte, em particular no discurso da economia doméstica tal como se organiza desde Xenofonte. Entre a maneira de dispor a carga no interior de um barco e os intervalos que separam os potes de geleia numa prateleira, entre a ordenação das plantações ao longo de uma estrada e os espaçamentos e gabaritos que organizam e dividem a rede viária das cidades, toda uma dinâmica de leis se instaura, que é como um direito consuetudinário e a oportunidade de toda uma série de preceitos. O jardim faz parte desse registro de maneira integral, ele próprio é concebido, desde a origem, não apenas como o lugar de exercício do contrato acordado entre o homem e a natureza, mas também como o espaço habitual de uma atividade de arrumação e ordenação. Ordenar, arrumar e, por meio dessas ações, nomear – a história inteira dos jardins, ao menos no Ocidente, será a da conjugação desses verbos, e, portanto, a de uma evolução dos modos de arrumação, de classificação e de ordenação. Da economia privada aos jardins de ervas medicinais ligados à ordem monástica, das perspectivas renascentistas ao grande jardim clássico e dele ao jardim paisagístico do romantismo, e então de todas essas formas ao parque urbano moderno e às suas declinações, da era industrial (da qual este último procede) aos nossos dias ou ainda, para considerar as coisas sob um ângulo mais teórico, do *hortus conclusus* ao "jardim em movimento", tudo terá sido como um palimpsesto infinito de modos de travessia e de práticas de repartição diferentes.

Em sua diversidade e na maneira como fazem jardim – ao passo que este já é por si só uma forma naturalmente indexada no tempo, uma superfície em perpétua correção –, essas práticas se apresentam todas e em todas as épocas como maneiras de pôr em forma (e talvez também de pôr à prova) um saber: o jardim, que é um laboratório de práticas, é ao mesmo tempo um conservatório de nomes. Ainda que seja feito de terra e de plantas, de odores de folhas mortas e de podridão, ainda que se componha e se decomponha sem cessar no fio inconstante dos dias – como dizia, a partir de uma outra civilização, de maneira diferente mas também devotada à jardinagem e à arrumação, o maravilhoso Shen Fu –,[5] o jardim também se apresenta e se desenvolve como um livro aberto em que os nomes das coisas (das plantas) estão escritos para sempre. Se é no século XVIII que esse aspecto de Arca de Noé vegetal ganha mais relevo, é singular, e muito excitante para o espírito, constatar que há uma diferença de quase um século entre as formas jardinadas mais autoritárias e a nomenclatura de Lineu. Este é, na verdade, contemporâneo de Rousseau, e não de Le Nôtre: à obsessão taxonômica derivada de Lineu não corresponde qualquer forma de intervenção da topiaria – segundo a inclinação de pensamento da época, é a própria natureza que, por meio de suas produções, é descrita, nomeada, classificada e, na medida do possível, apresentada caso a caso no dicionário ou herbário vivo que é o jardim botânico.

A metáfora do livro é aqui bastante potente, ela vale para o conjunto dos seres e dos signos que provêm do mundo físico – trata-se do "livro da natureza" que cada um, como pode, consulta, mas cuja imensidão é tão perturbadora que sua leitura se torna incerta. O herbário ou o jardim, ou o próprio livro – e entre todos a *Philosophia botanica* de Lineu (publicado em 1751) –, se tornam desde então espécies de guias e de interpretações, fornecendo esquemas que são também caminhos. Mas a problemática que se abre – e ela recobre a meu ver a história da própria forma dos jardins – é a da conformidade entre o aspecto linear da forma-catálogo e o regime arborescente da realidade das associações vegetais. Em seu *L'herbier des philosophes* [*O herbário dos filósofos*], Jean-Marc Drouin cita a seguinte observação feita por Jussieu em 1824, cuja produtividade poderia ser enorme, ainda hoje, ao chamar a atenção para o regime de incompatibilidade entre as formas de associação em rede e o tipo linear (procedendo por correntes) induzido pela coleção e pela nomenclatura: "Os termos *corrente*, *porção de corrente* e *elos* exprimem de maneira menos exata as verdadeiras relações entre as plantas do que *feixes*, *grupos* e *massas*."[6] É formidável, parece que vemos surgir, com esses feixes, esses grupos e essas massas, uma espécie de botânica gerativa, prefiguração dos esquemas dinâmicos deleuzianos, que são hoje para nós de uso corrente, mas o que é ainda mais surpreendente é que a comparação com a ordem que é a do livro, do objeto livro, vem atuar como um contraexemplo; eis o que, de fato, Jussieu acrescenta, no mesmo trecho: o "plano da natureza" (isto é, esses grupos, essas massas a que ele acaba de se referir) "não pode ser seguido com rigor num livro em que a forma tipográfica exige que se arrumem os objetos, não em feixes, mas em série, para passá-los todos sucessivamente em revista".

Dizendo de outra maneira, o livro da natureza não entra na economia do livro impresso, que é normativa e linear – os tijolos de linhas regulares da tipografia (semelhantes às fileiras de videiras!) e as alamedas sempre retas das margens não são compatíveis com a escrita sempre em formação da frase vegetal, frase que, na ordem natural, a despeito de todas as repetições rítmicas que coloca em ação, jamais é linear. Tudo se passa aqui, de algum modo, como se a própria precisão da abordagem abrisse para um impossível, e nessa tensão entre o livro ou a forma-livro, isto é, algo acabado, e a frase-feixe, isto é, um devir, adivinhamos em filigrana o hiato que afasta as duas formações que se encontram na origem do jardim a que estamos habituados desde a revolução industrial: de um lado, pois, o jardim botânico, repertório aberto no livro da natureza, mas que, para existir, deve imitar a forma fixa e dissociativa de séries que podemos passar em revista; do outro, o parque paisagístico à inglesa, que tenta imitar por meio de um fraseado feito de transições e de alternância de cores as formas associativas que podem ser encontradas no mundo natural.

A natureza que é vista no parque paisagístico (e de tudo o que dele procede ou deriva, mesmo longe, como o "jardim em movimento") não é sem dúvida mais "natural" que aquela que é desenhada entre as nomenclaturas e os herbários derivados dos esquemas de legibilidade da idade da razão. Nem por isso, contudo, a natureza, na contramão de uma vulgata que circula e que é uma versão caricatural do ensino de Foucault sobre as idades de formação do discurso, é pura e simplesmente eliminada. Ela está ali, e quanto!, no jardim, e de modo bem preciso como uma potência em relação à qual todas as ações empreendidas pela jardinagem, a começar pelas mais simples e mais cíclicas, ligadas às estações, aparecem como operações que poderíamos chamar de operações de manutenção do contrato. Mesmo que haja arrazoamento,[7] e este pode tomar uma forma espetacular (com certas tradições de porte, em especial no Ocidente e no Extremo Oriente, ou ainda com tudo o que diz respeito à água ou ao conduto de água – nesse caso a tradição do jardim árabe-persa-mongol seria a mais fascinante), resta que essa razão se sustenta pelo conhecimento de seus próprios limites e que uma utilização ou uma domesticação não eliminam a alteridade fundamental daquilo que acreditamos subjugar. Qualquer que seja a forma do canal ou a da planta, nem a água nem a seiva são humanas ou mesmo "humanizadas". Se jardim é ofício de razão e se sustenta um discurso, ele só o faz e só pode se manter se tiver conhecimento das forças com que atua – conhecimento, por exemplo, para ficar com a água, com a água viva, que Salomon de Caus, (quase) contemporâneo de Descartes, chamava poeticamente, isto é, precisamente, de "as razões das forças moventes".

Desse ponto de vista, poderíamos considerar as diferentes formas de jardins como regulagens quantitativas do valor de arrazoamento: do controle mais estrito à maior tolerância, da forma dominada à quase-terra de pousio. Mas o que é preciso acrescentar é que a própria diversidade dessas regulagens produz um efeito de gama, que nos aparece, ao menos hoje, como a oportunidade de um livre jogo de contrastes e de transições que tem o estatuto não de um patrimônio, mas, de maneira bem diferente, de um repertório, logo, a ser trabalhado como tal. Formas que corresponderam historicamente a estratos de formação da consciência de si da forma-jardim e que, a esse título, puderam ou mesmo tiveram que se opor entre si, vivem de fato, na maior parte do tempo, em harmonia, sejam elas dispostas como estratos, sejam retomadas e metamorfoseadas, até mesmo trançadas: já que nada é, em suma, mais agradável ou arrebatador do que passar, no interior do mesmo jardim, de um espaço regulado, "tipográfico", a um espaço que, desde então, para prolongar a metáfora da escrita, deveríamos chamar de *cursivo*.

Mas qualquer que seja a maneira como separa, agrupa e reparte, o jardim, em todas as suas formações assim como em todos os seus usos, pode e deve ser definido antes de tudo como pura *penetrabilidade*. Acionando um saber por meio de uma pedagogia dos nomes e/ ou dispondo-se como um percurso de estações e laços, o jardim sempre religa, e o faz graças a esse agente distributivo que é a *alameda*. A alameda é coextensiva ao ser do jardim, ela nomeia o que o distingue não apenas da natureza não penetrada (e dita, com frequência, impenetrável), logo, da *selva*, mas também o que o distingue da natureza confundida com uma extensão sem guias nem balizas, logo, do *deserto*. Ela o distingue também, mas somente até certo ponto, do campo, onde a rede de vias existentes (as trilhas, os caminhos, as estradas) e o número e a variedade dos terrenos servidos dilatam a própria possibilidade de apreender a paisagem como uma unidade restrita ou cerrada. Ora, essa apreensão é inerente à própria ideia de jardim: ainda que seja vasto e que tenha sabido trabalhar em seu seio a abertura para a paisagem, o jardim sempre é um espaço distinto, percebido como tal, e a alameda é sempre interior a essa unidade – é, aliás, por isso que também se fala de alamedas na floresta: através da alameda, a floresta, ela também espaço distinto e percebido como tal, enceta – com dificuldade, é verdade – o processo que a leva ou poderia levá-la ao parque ou ao jardim.

A alameda é um expoente da linha e, portanto, do ponto em movimento, do ponto viajante. A alameda abre, abre sob os olhos o caminho que o passo poderá seguir. Já traçada no espaço, portanto, passada, de partida para si mesma,[8] ela se estende, contudo, diante daquele que a vê como seu futuro imediato,[9] assumindo – e esse é um aspecto importante da arte dos jardins – a forma de um chamado. Essa complexidade da alameda, que faz existirem simultaneamente temporalidades diferentes, voltadas para o passado, o presente e o futuro, corresponde àquilo que ela assegura na ordem espacial, e, portanto, a seu papel de agente principal da penetrabilidade. A alameda, que constitui ela própria a franja e o espaçamento entre os lados que ela separa e bordeja, pode ser descrita como um espaço de travessia do espaço. Abrindo-se por entre as superfícies e as massas vegetais, ela é o que assegura a circulação, a passagem, a conexão, ela é o que faz do jardim um espaço da condutibilidade; é de propósito que emprego aqui essa palavra, tomada de empréstimo do léxico da eletricidade. É a alameda que torna possível e organiza as estações da sucessão das "pausas na imagem", que vale tanto para o jardim clássico ou romântico quanto para o jardim ornamental tal como pensado na tradição chinesa. Através dela, por meio dela, o jardim que ela abre se torna espaço penetrado, espaço da visibilidade do encontro, espaço público. O jardim, regulado pelos intervalos e pelos ritmos que as alamedas traçam em seu interior, é, assim, aquilo que não se contém, aquilo que, não se recusando, se dá, restituindo e cumprindo, como num palco, a própria doação que é o espaço.

Por mais de uma razão, a alameda é como a rua, ela está para o jardim como a rua está para a cidade; comparar seus diferentes modos de abertura e os caminhos que elas tornam possíveis seria um trabalho promissor, por meio do qual a diferença entre os dois termos e, talvez, entre as duas funções, apesar de tudo o que as une, se deixaria revelar, permitindo, assim, ver se clarearem, como gradientes de luminosidade, um devir-rua da alameda e um devir-alameda da rua. Aqui, cada um pode ter em mente tanto imagens precisas, ligadas pela memória a lugares reais, quanto formas genéricas. Em relação ao que me vem de minhas viagens, onde tantas alamedas e ruas se perdem e se reencontram sem, contudo, jamais se confundirem, penso em primeiro lugar nos espaços de fato intermediários entre o jardim e a rua, que demarcam certas partes das avenidas do primeiro anel de Moscou, em especial nas proximidades desse local tão belo e tão misterioso no inverno que se chama Chistye Prudy, as "Lagoas limpas" (assim nomeadas porque um príncipe decidiu, no início do século XVIII, que elas não serviriam mais para que se jogassem os dejetos dos abatedouros próximos que, por isso, tiveram que se mudar).[10] Seria preciso pensar também nessas espécies de infiltração do jardim na cidade que são as árvores de alinhamento e na maneira, muito diferente de um local a outro, como elas contribuem para a própria escrita do fraseado urbano. A propósito delas, aliás, logo se vê que a dialética do espaçamento e do abafamento, ou do efeito rítmico e do impacto arborescente, poderia ser retomada e desenvolvida: de modo que o jardim, ou tudo o que no espaço urbano acena para ele, logo aparece como tensionado entre uma acentuação esquemática, rítmica, estrutural, e uma acentuação que dá pleno direito, ao contrário, àquele "vegetal irregular" que Baudelaire tinha descartado de seu *Sonho parisiense*.

Ainda que traga ao mundo urbanizado em que se insere um suplemento de regularidade (do lado dos catálogos e dos espaços seriais onde sempre podemos nos orientar) ou, ao contrário, o esboço de uma deriva (do lado das folhagens e dos labirintos onde podemos nos perder ou ao menos fingir fazê-lo), o jardim aparece, na medida em que pode fazer mundo e ser por si só um condensado de mundo (o que ele é de modo absoluto para a infância), como um espaço em retiro, destinado a produzir, entre os homens e as coisas, e também entre os próprios homens, uma acalmia. Não no mero sentido passivo e higienista em que ainda se ouve a triste expressão, felizmente em vias de desaparecimento, de "espaço verde", mas no sentido ativo do que é estendido, sob nossos olhos e nossos passos, pela diferença sensível do modo de aparição da extensão e pelos caminhos, pelas alamedas que partem por essa extensão: doação de espaço e de campo de abertura que o passante logo experimenta, assim que eles se desenham e se anunciam, por vezes num longínquo, por vezes de repente, caindo sobre nós, mas que podem também ser vistos no mapa, onde saltam aos olhos, de nenhum lugar mais do que no de Nova York, com certeza, onde o gesto radical de Olmsted inscreve o Central Park num enclave de contorno estritamente ortogonal apenas para melhor liberar uma rede de curvas e de volutas hierarquizada com fineza, ela mesma, por sua vez, interrompida por várias intervenções em que a linha reta reintroduz sua própria força condutora. Se olharmos o plano do projeto de Olmsted, vemos a trama regular dos blocos do plano hipodâmico, em todos os pontos semelhantes a tijolos tipográficos, enquadrar um espaço invadido e quase saturado de curvas e de volutas.

Acalmia: eu gostaria que a palavra fosse ouvida em toda a sua amplitude e não fosse reduzida a um simples e ligeiro efeito de rearranjo, pequena cauterização nas chagas da cidade ou da periferia da era das metrópoles. A possibilidade de encarnar "na selva das cidades" uma espécie de retiro de calma e apaziguamento sem dúvida constitui um *leitmotiv* que atravessa as épocas, mas isso não a transforma num clichê, a começar pelo fato de a operação não ser garantida e de precisar ao mesmo tempo de condições e de qualidades: é esse, propriamente, o espaço de projeção dos ofícios da paisagem e do jardim. Definir essas qualidades de maneira geral e normativa – na própria medida em que isso fosse possível – teria a meu ver muito pouco alcance. Para que, entre o construído, o plantado e as superfícies, o acorde, o melhor acorde possível, seja feito (ouça-se aqui acorde, bem entendido, em seu sentido musical), é preciso mais que uma série de regras ou de receitas (até mesmo, direi, no plano dos gestos mais habituais da horticultura), o que importa de fato, é, de um lado, o desígnio de conjunto e, de outro, a maneira como esse desígnio, apenas para poder existir, deve passar por uma abordagem atenta, paciente e fina da superfície a se fazer viver ou reviver.

Parece-me que a acalmia, que pode ser abordada e sentida como uma desaceleração do tempo combinada a uma dilatação do espaço, se torna com maior clareza o campo de imanência de uma partilha se a considerarmos também, antes de tudo, como uma acalmia da relação entre as palavras e as coisas. Não porque se trataria, em especial por meio das plantas, de etiquetar os entes e de dar a ver amostras do grande catálogo do mundo – o que em si nunca é um mal –, mas porque, entre as coisas oferecidas à visão (plantas, mas também animais, minerais, elementos e até mesmo seres abstratos como superfícies, volumes, intervalos) e aquele que as vê, em outros termos, qualquer passante, as condições de constituição de uma experiência estariam reunidas. O jardim, nessa óptica, é como um tempo que se deixa para essa constituição, o tempo de um desenvolvimento lento cuja superfície de impregnação seria nosso pensamento. Talvez haja por detrás disso o despertar de um velho fundo de sensualismo, mas nenhum idílio cândido, creio eu, é mobilizado. A consideração do jardim como um lugar de experiência e de aprendizado não se afasta das condições reais da época, que com frequência são desastrosas, tanto no plano social quanto no plano ecológico. No naufrágio e contra ele, os léxicos que devem ser explorados e expostos uns aos outros são múltiplos: da perenidade do jardim botânico à resistência bricolada do jardim operário, passando pelas pérgulas, pelos gramados, pelas estufas e, é claro, pelas alamedas –, mesclando o que vem de um fundo jardineiro ao mesmo tempo distante e familiar ao que se liga a efeitos de moda, de uma silvicultura repensada à arte dos fabricantes de fontes, e também, por que não?, aos jardins-exibição dos pássaros-jardineiros –, o que se dispõe são gamas, são fraseados.

Encerrarei com uma alegoria tomada de empréstimo ao fraseado de um mundo distante, provavelmente destruído. Na espessura densa e ameaçadora da floresta tropical, os índios guaranis estudados nos anos 1960 por Pierre e Hélène Clastres eram caçadores-coletores, seres de apenas dois objetos – o arco e o cesto. No momento que precedia o nascimento de uma criança, o pai devia "se abster de fazer coisas múltiplas"[11] e se concentrar numa única coisa – a chegada próxima do novo ser, problemática porque suscetível, enquanto existência suplementar e não necessariamente desejada, de inquietar ou de irritar as potências da floresta, desequilibrando a ordem das coisas. Para fazer isso, o pai tinha que andar reto pela floresta, num único caminho, fechando as bifurcações (de maneira simbólica, pôr uma pena pregada na terra) e lançando pontes sobre os rios – o objetivo era preparar para a fala da criança que nasceria seu caminho, seu único caminho no mundo.

Seria possível que, muito longe dali, estejamos em condições de considerar *nossos* jardins e suas alamedas como tais traçados, mas coletivos, passantes, cheios de rumores e de narrativas, isto é, como caminhos escritos para que uma linguagem comum, usada e conservada por cada passeador, se propague?

NOTAS

1 Ver nota 2, p. 115. (N.T.)

2 "Passo pela bela ponte suspensa e eis que chego a Sainte-Colombe, em frente está Vienne", escreveu Stendhal em suas *Memórias de um turista*, nas quais conta que foi lá para ver célebres estátuas antigas conservadas numa residência particular. Stendhal *Voyages en France* [*Viagens pela França*], Paris: Gallimard, 1992, p. 143. (Bibliothèque de la Pléiade).

3 "Sua força não mais lhe bastava para escapar, e ele sacudia em vão as finas espirais que lhe torturavam o pescoço ao cercá-lo. Sua voz não mais lhe atravessava a goela apertada por todos os lados, pois as bacantes tinham passado em sua garganta uma correia de folhagens prestes a estrangulá-lo", pode-se ler no canto XXI das *Dionisíacas*, de Nono de Panópolis, escritas na metade do século V. Existem, naturalmente, várias versões da história do castigo de Licurgo, mas a do mosaico de Sainte-Colombe foi a que Nono, bem mais tarde, retomou.

4 Virgílio, *Géorgiques* [*Geórgicas*], II, Tradução de Maurice Chappaz, Paris: Gallimard, 1987, p. 61.

5 Ver Shen Fu, *Six récits au fil inconstant des jours* [*Seis narrativas no fio inconstante dos dias*], na tradução de Pierre Ryckmans – mas a versão mais comum desse livro foi publicada sob o nome de Chen Fou e sob o título de *Récits d'une vie fugitive* [*Narrativas de uma vida fugidia*], Tradução de Jacques Reclus, Paris, Gallimard, 1967.

6 Citado por Jean-Marc Drouin em *L'Herbier des philosophes* [*O herbário dos filósofos*], Paris: Éditions du Seuil, 2008, p. 128.

7 Foi pela palavra "*arraisonnement*" que os primeiros tradutores optaram pelo *Gestell* heideggeriano, abrindo-lhe, assim, um caminho que era ao mesmo tempo o do sucesso e o de um certo contrassenso. Ainda que ela me seja soprada pelo que me vem dessa esfera, tento utilizá-la de maneira muito mais neutra, destacando o que ela traz de sua raiz, e, portanto, no sentido de domínio da razão.

8 Em francês "*en allée en elle-même*". (N.T.)

9 Retomo mais ou menos aqui os termos do artigo "*Allée*" ["Alameda"], pelo qual começava meu livro *Le Propre du langage. Voyages au pays des noms communs* [*O próprio da linguagem. Viagens ao país dos nomes comuns*], Paris: Éditions du Seuil, 1997.

10 Ver Irina Bouseva-Davydova e Maria Nachtchokina, *Promenades archicteturales dans Moscou* [*Passeios arquitetônicos em Moscou*], Paris: Flies France, 1996, p. 87.

11 Citado por Hélène Clastres em *La Terre sans mal* [*A Terra sem mal*], Paris: Éditions du Seuil, 1975, p.126.

O BROOKLYN DE
JAMES AGEE

O Brooklyn de James Agee (*Le Brooklyn de James Agee*) foi publicado como prefácio do livro *Brooklyn existe*, de James Agee (Ed. Christian Bourgois, 2010).

No final do livro *O estilo documental*, Olivier Lugon relata as reações hostis de alguns senadores ou administradores quando da inclusão na Biblioteca do Congresso do conjunto (excepcional e perturbador) das fotografias tiradas no fim dos anos 1930, ação instigada pela Farm Security Administration (FSA). O que eles denunciavam não era tanto as imagens que mostravam os aspectos mais sombrios da América do New Deal, mas as imagens que eles achavam privadas de sentido, justamente porque elas tinham se esforçado para não mostrar nada a não ser a efetividade da vida, por meio dos seres e das coisas da América rural na época da Grande Depressão. Uma vitrine, uma placa, simples objetos, silhuetas anônimas na rua, nem tudo ali era para eles digno de ser conservado, sobretudo no seio do que deviam considerar como um templo da cultura.[1]

Pode-se presumir que se essas mesmas pessoas pudessem ter lido *Brooklyn is*, a enquete ou o poema-enquete de James Agee sobre o Brooklyn escrito em 1939, suas reações teriam sido as mesmas: não considerariam como literatura digna desse nome a prodigiosa acumulação descritiva que irriga esse texto do começo ao fim e no qual Agee se mostra fiel ao programa que foi o seu quando Walter Evans tentou, junto aos rendeiros do Alabama, captar o que chamava de "a cruel radiação do que é".[2] O enorme e singularíssimo resultado dessa enquete no Sul que conhecemos hoje com o título de *Elogiemos os homens ilustres*, só seria publicado em 1941, depois de várias tentativas fracassadas, a começar pela recusa da revista *Fortune*, que, no entanto, estivera na origem da encomenda. É verdade que a obra não apenas tinha ultrapassado – dez vezes, vinte vezes – as proporções de um artigo, como havia se tornado uma espécie de *maesltröm* em que, ao lado das fotos de Evans, as descrições mais sóbrias eram subvertidas do interior pela própria tensão que as sustentava, um fundo de desolação e de revelação vinha bordejar continuamente um fraseado complexo, errante e seguro de sua força. Foi uma vez mais a *Fortune* que pediu a Agee esse artigo sobre o Brooklyn e que, uma vez mais, o recusou, dessa vez, não por questões de dimensões, mas porque o autor mais uma vez tinha ido longe demais – o que significa dizer perto demais das coisas. Enquanto *Elogiemos os homens ilustres* pudera por fim ser publicado, foi preciso esperar até 1968, treze anos depois da morte de Agee, para que seu poema sobre o Brooklyn pudesse, enfim, ser lido. Ora, ele é extraordinário.

No Brooklyn, foi como se o ardor com que Agee procurou se aproximar do batimento vivo da existência tivesse encontrado um terreno à sua medida, simultaneamente neutro e singular: destituída de todo sublime de aparato, a um só tempo imensa, desdobrada e espiralada, essa cidade que é apenas uma parte de Nova York existe como uma cidade, isto é, como um mundo, um mundo que não poderia existir sem a "energia magnética insensata" de Manhattan (o Brooklyn, escreve ele, é, entre todas as cidades americanas, "a mais próxima do ímã"), mas que se distingue por cada um de seus traços: o que nem é reivindicado como um direito nem temperado de orgulho se expõe, contudo, plenamente e, para além da ausência de forma apreensível (e da ausência de centro), funciona como uma espécie de partitura aleatória que o texto decifra. No entanto, em vez de fazê-lo de maneira metódica ou como num passeio, é abismando-se na pulsação que ele o faz, e o modo descritivo vem se moldar numa espécie de rebentação ou de acumulação rítmica: esses efeitos de lista que Agee já tinha experimentado na enquete feita no Alabama são condensados pelo texto numa espécie de grande fuga marcada pela retomada do "ou" que vem abrir cada parágrafo como uma percussão rejuvenescida, e ao longo dessa grande fuga se sucedem, com velocidades variáveis, pequenas sequências internas que são os equivalentes verbais dos "arranjos inconscientes" que Walker Evans reconhecia nas naturezas mortas involuntárias das casas humildes dos fazendeiros: ali mesmo onde Agee, por sua vez, tinha identificado a beleza.

Em modo urbano é a mesma beleza que ele reconhece e celebra, nessas células de sentido que se telescopam – "as suítes nupciais de verniz modernista, revestidas de pelúcias coloridas, as pequenas farmácias escuras com cheiro de medicamento derrubado no aparelho de uma cabine telefônica, os inefáveis floreios em musselina com que se enfeitam as noivas do Cristo e as jovens no dia da entrega do diploma", e assim sucessivamente, sem fim ou quase, mas com inúmeros saltos e guinadas, por exemplo, uma descrição do estilo arquitetônico das fachadas das casas de madeira do século XIX, e depois todas as anotações ativamente rebeldes sobre o desprezo de classe daqueles que, por duas vezes, o acompanham: um jovem jornalista recém-saído de Harvard e uma jovem dos bairros elegantes de Brooklyn Heights, ambos eminentemente racistas nessa cidade de judeus e de negros em que Agee tinha se instalado para escrever seu artigo. Ele decifra os grafites e sonda os recantos da cidade, fascinado pelos nomes dos lugares, por toda uma toponímia que nos é, então, enviada como uma sequência de estilhaços, que tem, para nós, o charme incomparável da língua urbana falada por esses nomes: Flatbush Avenue, Dekalb, Atlantic, Park Slope, Bay Ridge...

Nas dimensões restritas que são as de um artigo muito longo que se torna um pequeno livro, Agee consegue sem dificuldade subverter os limites entre os gêneros: o que é definido como um caderno de viagem tem o rendimento energético de um poema e se propaga como uma usina ficcional em que é "o intenso zumbido das atividades inscritas no tempo cego das centenas e centenas de milhares de existências individuais compactadas" do Brooklyn que fornece os personagens. A impressão que sentimos ao ler essas páginas rápidas que parecem elas mesmas compactadas é a que se experimenta ao atravessar velozmente uma cidade em que se é conduzido por um motorista silencioso, mas aí, nessa longa e única panorâmica, é uma voz que nos guia. Bruce Jackson, no posfácio que escreveu para *Elogiemos os homens ilustres*, diz de James Agee que ele queria fazer com que o caráter polifônico da sensação (a impregnação simultânea do que é registrado pelos cinco sentidos) entrasse no caráter linear da frase ("uma música polivalente num universo serial" é sua expressão exata),[3] e podemos dizer que essa condensação foi alcançada por Agee. Na aceleração contínua e jazzística dessa escrita, era também necessário que se abrissem não pausas, mas simples *ralentissements*: há dois deles, e a cada vez é o mundo dos animais que vem aliviar o torpor entrecortado do mundo dos homens: uma primeira vez no decurso de uma sessão de cinema em que turbulentos estudantes secundaristas assistem, tomados por "uma incerteza premonitória, extraordinariamente terna e pacífica", ao nascimento de um potro; uma segunda vez, e é o final do livro, quando Agee, descrevendo (maravilhosamente bem) os saltos de filhotes de veado no zoológico quando a noite cai e a luz declina, os faz correr como num quadro sobre o fundo de uma lamentação selvagem que, diz ele, "nos gela o fundo do coração" e que não sabemos se vem de um animal ou da própria cidade.

NOTAS

1 Olivier Lugon, *Le Style documentaire* [*O Estilo documental*], Paris: Éditions Macula, 2001, p. 371.

2 James Agee e Walker Evans, *Louons maintenant les grands hommes*, Paris: Plon," 1993, p. 29. [No Brasil, o livro saiu com o título "Elogiemos os homens ilustres", que utilizaremos ao longo do ensaio, com tradução de Caetano Galindo, São Paulo: Companhia das Letras, 2009. (N.T.)]

3 Ibid., p. 452.

POR UMA ARQUITETURA REINTEGRADA

Por uma arquitetura reintegrada (*Pour une architecture réintégrée*) foi apresentado na Société française l'architecture e publicado no nº 18 da revista *Le Visiteur* (2012).

Todos os atos criativos (estejam eles ligados ao *poïen* ou à *téchne*), inclusive os mais isolados, advêm de uma área de tempo e de espaço circunscrita, que os condiciona sem os determinar por completo. Em compensação, esses atos contribuem para moldar a área de tempo e de espaço em que figuram. Mas por mais que insistamos no que os liga a essa área ou os separa dela, eles sempre têm a ver, em diferentes gradações, com a forma social que é a do tempo e do lugar de sua aparição. Como tais, eles sempre têm, de maneira não intencional, uma valência política.

Entre todos os atos criativos, em todas as épocas e em todos os lugares, a arquitetura é a arte para a qual essa relação com o político é a mais direta e a mais coercitiva. A arquitetura, como todas as outras artes, pode ser politizada, isto é, ideológica, mas o que é estrutural é o caráter político de seu modo de existência: a arquitetura é de fato, no espaço atravessado pelos homens, o que encarna e torna visível a forma de associação que eles constituíram para si. Sua existência física incontestável não apenas acompanha a vida dos homens, mas a organiza. A arquitetura tem, por certo, uma espécie de poder jurisdicional: uma vez edificada, ela sempre diz "é assim", ela tem esse poder, e esse poder tem uma duração.

O que ela realiza, por um lado, são as casas, as habitações dos homens, também os lugares simbólicos, as instituições que eles constituem para si. O curso do tempo acaba esgotando o sentido desses lugares e dessas instituições, mas, com frequência, a forma arquitetônica a que eles haviam recorrido se mantém, seja diretamente, *in loco*, seja como modelo reinterpretado e traduzido. Da ruína ao canteiro de obras, passando por todos os estados possíveis e por estratos de épocas na maioria das vezes variadas, porém às vezes unânimes, o construído – esse é o seu depoimento melancólico – testemunha a passagem do tempo, só que não o faz como um signo inerte. Posto no interior da vida, ele ali se mantém sólido e mudo, mas também se mantém como uma fala. Cada edifício cantarola e, ainda que alguns trombeteiem, a cidade que os reúne é como um imenso coro incompleto em que a singularidade e a própria dispersão das vozes garantem um equilíbrio sempre ameaçado e às vezes (ou com frequência) ausente.

Ligada ao poder pela natureza de seu esforço – na verdade é preciso apenas poder edificar, construir –, a arquitetura (e esse seria seu papel mais propriamente político, um papel, deve-se destacar, que ela às vezes esteve longe de saber sustentar) busca organizar esse efeito de coral tornando-o concertante. À potência conectiva que age no interior do edifício se soma então uma vontade de filiação arquitetônica que corre de um edifício a outro, e há ruas que escoam essa potência como um frisson. Essa vontade em seu fundo musical implica um quociente de harmonia que transcende a divisão social, mas isso, sem ser uma ilusão, só existe de maneira passageira, como um sonho feito pela arquitetura e que refazemos com ela. Esse sonho, por ser o sonho de uma arquitetura que concebe sua *performance* apenas no seio de um campo de existência concentrado e povoado de ecos, é, sem dúvida, o que um passeador pode encontrar de melhor: à leveza que ele então sente sempre vem se somar, como que produzida pela grande fuga que ele margeia, o sentimento de uma abertura, inclusive social. A propriedade, que perdura, se torna inconsequente, ela se apaga diante da experiência que então é vivenciada (pelo passeador, pelo visitante, pelo habitante) e que é a de um uso livre e de uma apropriação. Esse não é o caso, mas voltarei a ele, da *performance* isolada e do canto autista do objeto arquitetônico que, fechado sobre si mesmo, age, até mesmo em sua qualidade estética, como um signo de propriedade, como o próprio signo da propriedade.

Foi de maneira espontânea que as formas da arquitetura, no começo, encarnaram a forma social. Basta pensar nas casas comunais dos vilarejos da floresta equatorial (e penso acima de tudo no grande e envolvente telheiro dos ianomâmis recentemente posto outra vez em evidência pelas fotografias em preto e branco que Lothar Baumgarten apresentou em seu projeto *Fragmento Brasil*)[1] ou nas mais antigas cidades do espaço mediterrâneo (penso aqui em Çatalhöyük, na Anatólia), ou seja, em espaços e em formas sociais bastante diferentes, e assistimos, estupefatos, via gestos técnicos e procedimentos estéticos já estabelecidos, à instauração de uma moldura coletiva de vida plenamente reconhecida como tal por aqueles que a animam, qualquer que seja, a despeito disso, seu modo de associação. Mas a divisão do trabalho, o aparato da propriedade e o aparecimento da condição de chefia, depois o surgimento do Estado, dariam a essa transparência entre as formas do construído e a forma social um caráter muito diferente. A estrutura hierárquica que surgiu na vida da coletividade terá, antes de tudo, como efeito, quebrar o *continuum* arquitetônico anterior, limitado, talvez, porém em cujo seio a vontade de arte desdobrava com liberdade seus jogos de inteligibilidade. O resultado é o aparecimento de uma arquitetura alta (na verdade, da arquitetura como tal...), em que a vontade de arte tornada consciente serve à vontade de representação, em outros termos, ao poder religioso ou civil, os quais, aliás, com frequência se confundem. Ao lado dessa arquiarquitetura assombrada pela vontade de durar e de emitir, via ritual de fundação, signos em direção ao futuro, a forma do construído que é atribuída à maior parte da população existe de maneira bem diferente, isto é, como uma linguagem formal vernacular em que a vontade de arte continua a existir, mas agora sob um modo considerado menor e que acompanha edifícios que não são chamados a durar, mesmo que o façam. De um lado, o poema hínico da fundação e do outro a prosa do habitat. Com, por certo, toda uma gama de situações intermediárias, já que qualquer friso que corre pelas paredes de um quartinho de subúrbio emite signos, talvez até na direção do palácio real, enquanto neste um cantinho da cozinha ou até mesmo uma poeira esquecida emitirão signos, por sua vez, na direção de um fora cada vez mais longínquo. Dessa oposição consolidada desde o fim do neolítico, a arquitetura, no fundo, nunca saiu de fato, mesmo que sua maior tensão sempre tenha repousado na vontade de reduzir essa cisão ou, até mesmo, de destruí-la.

Fazer a genealogia das formas dessa cisão implicaria contar a própria história da arquitetura, isto é, a história de suas oscilações entre uma propensão monumental/ simbólica exuberante e uma vontade social bem mais modesta, e é evidente que uma abordagem como essa, ainda que apenas esboçada ou esquemática, demandaria uma elaboração bastante longa. Mas o que podemos reter disso é seu princípio organizador, ou seja, o fato de caracterizar os atos ou os sonhos da arquitetura pelo ângulo da relação que estabelecem com as formas da partilha e/ ou da divisão, o que significa dizer pelo ângulo de sua relação com a propriedade e com a utopia de uma organização social sem propriedade. É quase inútil sublinhar a que ponto, entre a edificação sem fim (que é a *realpolitik* da arquitetura) e o devaneio de uma arquitetura da partilha, os catálogos são desiguais. O que não quer dizer que o catálogo da arquitetura democrática esteja vazio, mas que, à exceção de um número bem reduzido de tentativas, elas mesmas muitas vezes ambíguas quanto a seu regime de propriedade (o Familistério de Guise ou New Lanark para citar dois exemplos), ele é, no limite, impossível de ser feito, já que se confunde com essa espécie de baixo contínuo urbano que eu evocava no início, ou seja, com aquelas ruas que puderam ser o paraíso do *flâneur* e que levam consigo ainda hoje, aqui ou ali, não necessariamente nos centros históricos, um teor utópico, um canto – o que pode ir da ressurgência não patrimonial de *Le Temps des cerises* [*O tempo das cerejas*] aos gritos de um vendedor de batatas-doces empurrando seu carrinho nas ruas de um bairro de Tóquio.

Se esse canto se confunde com a rua mais do que com esse ou aquele edifício, não é por acaso: as formas inaugurais do espaço democrático, na verdade, e isso é um fato bem sabido, embora sempre esquecido, não são as cheias, mas as vazias, os vazamentos – a ágora, o teatro e também a rua, a rede viária que só separa as quadras para tornar possíveis a circulação e a troca. Sem ir muito longe, poderíamos a partir disso nos perguntar se uma arquitetura democrática pode ser pensada de outra maneira que não em termos de fluidez e de espaços intermediários, e se, nesse sentido, pode ser defensável considerar em termos de forma a possibilidade de uma arquitetura democrática ou, mais ainda, a própria possibilidade de um democrático arquitetônico. Mas nada é simples, ou, em todo caso, nenhuma abordagem pode ser simplificadora: se é evidente que a muralha e seu apogeu, a fortaleza, o castelo, são antidemocráticos por definição, a muralha também pôde servir para proteger com eficácia os esboços de república política tentados em seu interior, tanto na cidade grega quanto no laboratório italiano do Trecento; além disso, o muro, na medida em que perfila o espaço, não pode ser reduzido, apesar dos edificantes serviços prestados, a sua função separadora. De maneira inversa, se a janela, na medida em que se abre para o mundo e amplia, ao enquadrá-la, a relação do dentro com o fora, o pano de vidro, que é sua extensão moderna, exatamente por não enquadrar mais, aparece, apesar de sua transparência, como a forma rematada do obstáculo. Então se, nesse caso, tudo é questão de enquadramento, retornam como critério, o vazio e o vazamento, o que quer dizer que via portas e janelas, reentrâncias, pátios, praças, pracinhas, esplanadas, passagens, *traboules* e aberturas de todo tipo, podemos estabelecer algo como uma condição – uma condição que, é preciso notar, se deve à existência de um espaço público inteiramente desejado e de limiares que se mantêm límpidos entre ele e os espaços privados.

Essas observações formais, como compreendemos de imediato, só podem, contudo, ser indicativas e funcionam como uma espécie de norma de abertura e de espaçamento, ela própria normativa e apta a suscitar espaços e formas bastante variadas. No entanto, se nenhuma forma é de fato capaz de garantir por si mesma uma efetividade democrática qualquer, a ideia de que as formas da arquitetura possam exercer um poder que não se confunda com o mero exercício do poder permanece atuante; e que a ideia, desde então, de que a arquitetura possa ser considerada não mais como mera formada, mas também como formadora, e de certa forma exemplar, estimulou continuamente o pensamento, em particular quando veio se reunir às ideias de um novo contrato social ou "societário", no momento de maior intensidade das correntes utopistas. Contudo, essa extensão do sensualismo aplicada ao papel dos espaços construídos não se limitou à esfera da utopia, ela informou para além de si mesma o essencial dos programas de transformação arquitetônica de que ao menos os primeiros dois terços do século XX foram o teatro.

Ora, nos dois casos, tanto do ponto de vista das utopias quanto do da prática arquitetônica de massa da segunda era industrial (a primeira, contemporânea, aliás, das utopias, foi a do casebre puro e simples), essa intuição tropeçou e não encontrou sua forma. Nos dois casos – ainda que de maneiras bem diferentes, sem dúvida –, ao aderir a um tom hínico e fundador, até mesmo solene, e, sobretudo, ao passar ao largo da prosa arquitetônica, que, no entanto, era abundantemente alimentada pelas formas vernaculares e pela intensidade de tudo aquilo que a rua, então em pleno desenvolvimento, dispunha no cotidiano aos nossos olhos e sob nossos passos. Mas a rua era também a "rua sem alegria" do título do filme de G. W. Pabst,[2] e aquilo que vemos hoje como o humo dos processos de individuação e, o que dá no mesmo, como o lugar da maior mistura, foi pura e simplesmente associado ao regime babilônico da cidade tóxica e corruptora. Não devemos nos esquecer de que abismos de miséria e insalubridade essa visão negativa extraía seus argumentos, mas é trágico que, ao amontoamento e à promiscuidade, a preocupação social e higienista (socializante ou paternalista) só tenha sabido responder por meio da produção de um contramodelo em seu fundo antiurbano e que, ao decidir abolir os complexos sistemas de ocupação da rua, não soube substituí-los por coisa alguma.

Se, num primeiro momento, que é o momento, sem reduzir tudo a Fourier, do falanstério, esse contramodelo é considerado como um "palácio social" apropriado para condensar certos traços urbanos no seio de uma espécie de jardinagem coletiva, a forma, contudo, por mais inventiva que possa ser a paleta de funções a que ela serve, permanece indexada a uma forma-castelo pouquíssimo afetada: para além da fantasia de soberania e apesar da quantidade de precauções e também de achados, o que se desenha de saída – e a experiência, mesmo que bastante diluída, do Familistério de Guise vai demonstrá-lo – é um deslizamento na direção de um estreitamento comunitário, é a retomada, no habitat, da monotonia induzida pelo trabalho industrial. Seria preciso, com certeza, detalhar tudo isso e estudar a fundo (o que nenhum historiador fez) as experiências que foram tentadas, tanto no Antigo quanto no Novo Mundo: acho que ainda há muito a descobrir por esse lado, assim como por aquele (um pouco mais estudado, mas nunca inventariado por inteiro) das cidades-jardim, ou ainda olhando para o que foi tentado na Rússia revolucionária dos anos 1920, ou ainda olhando para outros lugares – essa lista não é infinita.

O segundo momento da denegação da prosa urbana e da rua é, por certo, o século XX, com efeitos dessa vez consideráveis que é preciso decompor em duas situações. Uma situação teórica e programática (ou seja, a grande era do movimento moderno e a instauração da ideologia dos Ciam)[3] e uma situação, igualmente, se não mais, internacional, de passagem à prática de massa (ou seja, a era dos conjuntos de torres e de edifícios em fita de que somos os herdeiros imediatos). Nesse caso, também seria necessário estudar na prática, caso por caso, os destinos de cada conjunto, levando em conta a diversidade de situações locais, regionais e nacionais – mas siderante, de todo modo, é a unanimidade da paisagem induzida pelos efeitos de tábula rasa e de zoneamento desse estilo internacional abastardado, que dilui os últimos filamentos de um princípio-esperança já mais que abalado em uma espécie de pragmatismo funcionalista desprovido de imaginação. Contudo, ainda assim, ainda que com vocabulários muitas vezes indigentes e uma sintaxe demasiado genérica e diretiva, o vasto movimento universal de desenvolvimento dos conjuntos habitacionais deve ser considerado como fruto de uma vontade de arquitetura, em que tudo se passa como se a recusa da prosa urbana que a constitui tivesse introduzido à força na questão da habitação a solenidade monumental e a solidão do objeto de alta arquitetura. O ponto aqui é menos o de julgar entre um êxito estético (ele pode até ter acontecido) e uma derrota patente do que o de avaliar o que nesse movimento vinha ainda de uma utopia, mesmo que agonizante, e da ideia de que a arquitetura, como tal e em suas obras, era capaz de contribuir para a melhora do viver junto. Sabemos que, com o passar do tempo (e hoje nós já passamos desse tempo), isso não deu certo, mas ao menos podemos dizer que uma preocupação política sustentava maciçamente uma prática arquitetônica em cujo seio a questão da habitação tinha se tornado preponderante.

Teria sido possível crer que a doença crônica dos conjuntos habitacionais (ou seja, o zoneamento e a instituição visível da vida separada), à medida que se tornasse evidente, poderia ser substituída pelos efeitos de um enorme gesto autocrítico de reinvenção da rua ou de retorno à prosa. Sem dúvida esse movimento existiu e ainda produz muitas retomadas felizes no tecido urbano que ele estica. Resta, porém, que o essencial daquilo que se desenvolve hoje é, ainda, de uma outra natureza, e teríamos dificuldades para caracterizar a época em curso como sendo a do casamento tão adiado e tão esperado entre princípios formais herdados do movimento moderno e a linhagem de afetos da rua, ou, em outros termos, entre o "poema da arquitetura" e a prosa da vida. De fato, o que existe de modo mais abundante, ganhando extensão de maneira devoradora, são os avatares da residencialização com tudo o que ela comporta de deserção arquitetônica e, ao mesmo tempo, de aniquilamento do espaço público. As qualidades que ainda tinham, nesse plano, as habitações coletivas, foram volatilizadas, e seu maior defeito, o zoneamento, se encontra ainda mais reforçado.

Sem dúvida não é por acaso que, paralelamente a esse desenvolvimento de casas clonadas recitando no espaço a lição inepta de uma repetição sem fim, acabamos assistindo ao longo dos mesmos anos a um florescimento excepcional do grande objeto: de um lado, os estacionamentos do grau zero da arquitetura e, do outro, as proezas da grande arte a serviço dos senhores do mundo. Talvez a distância entre o real do que foi construído tendo como função atender a um projeto social e a arquitetura como obra de arte jamais tenha sido tão grande, tudo se passa como se dois mundos coabitassem sem se ver, um olhando, quem sabe, para o outro de tempos em tempos, à noite na televisão, ou em horas de folia. Trata-se, porém, de fato, do mesmo mundo, e a solidariedade é estreita, no fundo, entre as torres que são fetiches ou os objetos alheios do capitalismo liberal e os pedacinhos de açúcar que ele expõe em ramificações extensíveis sobre toda a superfície do território. Em ambos os casos, é o regime de propriedade desembestado que ganha vazão com sua injustiça fundamental, em ambos os casos, como logo compreendemos, o abandono de todo tipo de utopia, de toda postulação de um devir transformado ou inflectido está programado.

É importante salientar que nem tudo, é claro, segue essa ordem e que nem tudo o que é construído entra nesse esquema de excitação mercadológica e espetacular. Por vezes acontece, inclusive, e no fundo não tem a menor importância, que, no próprio seio dessa espécie de feira-exposição cujo clima é próximo daquilo que se tornou a arte contemporânea sob o domínio do mercado, propostas espaciais inovadoras sejam feitas. Mas isso não passaria de um prêmio de consolação bastante precário se alguma outra coisa não se mantivesse, se em algum outro lugar não se sustentasse, apesar de tudo, de outra maneira, a aposta de uma arquitetura preocupada com reintegração e continuidade, cuja esfera de ação é ao mesmo tempo mais discreta e mais ampla do que a esfera de ação da arquitetura-espetáculo. Nenhum *palmarès* é aqui necessário ou mesmo desejável, mas é preciso compreender que não se trata de uma questão de gosto e que partidos formais muito diferentes podem servir a uma arquitetura novamente política, que se questione sobre seu papel efetivo no devir da cidade e da paisagem na era da metropolização. Também é inútil empunhar, aqui, os grandes esquemas do caos e do ordenamento, ou mesmo discorrer sem nuances sobre a oposição entre o contexto e o objeto. O que se deve defender é uma linha contextual fina, resultante de uma abordagem que sobreponha escalas, do sentido do toque até o horizonte. No âmbito de uma abordagem desse tipo, a forma por vir se concebe em função de seu aparecimento num campo que nunca é virgem, que é sempre já investido, com frequência até mesmo saturado. São, portanto, a qualidade conectiva e a potência incoativa da proposta que decidem sobre a forma, e não a arbitrariedade do capricho ou a violência da programação.

É preciso libertar a arquitetura da solidão dos objetos autoproclamados, isto é, libertá-la da proclamação. O que deve, ao contrário, ser estimulado é uma arquitetura da articulação e da cesura, é uma ciência dos intervalos e dos *leitmotiven*. Em vez e no lugar de grandes árias recortadas a serra no espaço, recitativos que falem entre si. Em vez e no lugar de uma vontade de exibição ostentatória, uma arte do traje, um "trajar-se" eficiente e sereno, às vezes discreto, às vezes deslocado. E assim por diante: mas o que de fato importa é que esses princípios não sejam da ordem da recomendação ou da preferência estéticas, ainda menos do efeito de anúncio, é que eles definam o quadro estrutural ou o esquema condicional de uma arquitetura novamente política, o que significa dizer de uma arquitetura novamente capaz de superar a gestão hábil do dado para introduzir entre os homens o espaço de sua coabitação como uma ideia que volte a trabalhar. Não refundada no grande altar de um dogma de reorganização social, mas articulada a práticas fluidas que já começam a advir em espaços intermediários e intervalos, em faixas abertas do espaço que bastaria voltar a estender. E não é de modo algum por acaso que os sinais mais claros dessa outra direção nos venham de uma área geográfica recentemente submetida a um enorme perigo e até mesmo à aniquilação. Refiro-me à região de Tohoku, no Japão, que sofreu de modo frontal o tsunami de março de 2011.

De fato, diante da violência destrutiva do fenômeno e nos campos de ruínas que ele deixou, o que se impôs, para além das medidas técnicas de urgência e dos desafios de um renascimento projetado, foi a necessidade de uma nova cena arquitetônica: não somente no que diz respeito às casas ou aos edifícios, não somente no plano das respostas técnicas à ameaça telúrica, mas também e antes de tudo no plano da vida coletiva. Foi ao propor e realizar casas destinadas a abrigar, não esse ou aquele refugiado ou sobrevivente, mas o próprio grupo, o grupo em vias de reconstituição, que arquitetos japoneses, conhecidos (Toyo Ito ou Shigeru Ban) ou mais jovens (como Hirokazu Toki), vieram trabalhar com os habitantes da zona destruída. Um banco embaixo de um simples telhado, uma forma-cúpula em lona tensionada sobre uma estrutura de bambu, ou estruturas mais clássicas, pouco importa, o que retorna como uma constante é o conceito de "casa para todos", é a colocação em prática de espaços destinados a abrigar e a estimular a palavra e a troca. Toyo Ito explica, por exemplo, o que a casa para todos (que ele iniciou em pequena escala num bairro de Sendai, mas foi convidado a desenvolver e amplificar em outros lugares, em especial na cidade de Kamaishi) deve ao que é sugerido pela *engawa*. A *engawa*, na casa tradicional japonesa, é aquela extensão do solo que, formando um pequeno corredor num dos lados, mais particularmente no lado que dá para o pátio ou para o jardim, serve de espaço de transição entre o fora e o dentro – lugar onde as pessoas se sentavam e engatavam uma conversa, lugar que era feito para isso, que escrevia no espaço o fato de que a casa, espaço de recolhimento, se voltava ao mesmo tempo para as outras casas.

É precisamente isso que nos falta, é nisso que a arquitetura deveria pensar o tempo todo, o que quer que tenha que construir. Essa direção, de que vemos, aliás, em Tohoku, esboços, diretrizes, remete também a rastros inscritos na memória, a formas de associação não institucionais como os jardins operários, a formas arquitetônicas inéditas, a bricolagens formais, a prolíficos ricochetes. Ela não é sinônimo de um recolhimento da arquitetura, ela repousa, ao contrário, na hipótese – na utopia, sem dúvida – de seu maior desenvolvimento.[4]

NOTAS

1 O projeto *Fragmento Brasil, Vom Ursprung der Tischsitten* [*A origem dos modos à mesa*] combina fotografias em preto e branco de objetos feitos pelos indígenas – tiradas em 1977 pelo artista ao longo de sua estadia entre os ianomâmis, na fronteira do Brasil com a Venezuela – com desenhos feitos por eles sobre folhas de papel, material que viam pela primeira vez. A extraordinária suavidade e enfeitiçadora variedade de ritmos coloridos desses desenhos é como a declinação daquilo que habitar, habitar a floresta, habitar o mundo pode querer dizer para os ianomâmis, e a grande casa coletiva deles deve ela própria ser compreendida como uma extensão espacial do que mostram os desenhos. Na versão itinerante do projeto, eles são apresentados em projeção com as fotos em preto e branco de Lothar Baumgarten, enquanto uma terceira faixa mostra pinturas de pássaros do Brasil realizadas em 1654 pelo pintor Albert Eckhout. A simultaneidade dos três modos de representação da floresta produz uma impressão memorável e inquietante.

2 Filme de 1925. (N.T.)

3 Ver nota 1, p. 133. (N.T.)

4 Seria tentador, sobre essas bases, falar, no sentido em que Deleuze e Guattari o fizeram para a literatura, de uma arquitetura "menor", mas não acho que essa seria uma ideia-guia: ela apenas daria espaço à crença, à existência e à manutenção de uma arquitetura "maior" que continuaria a exercer livremente seu magistério. Pois é essa clivagem que deve justamente ser destruída, e com ela o conjunto de postulações hierárquicas, desastrosas no plano do projeto, como comprovou toda a aventura-fachada da Grande Paris, e devastadoras no que diz respeito a uma avaliação da qualidade arquitetônica, já que ela só pode reproduzir de maneira não crítica a amplitude dos custos de produção.

TRÊS VISÕES

Três visões (*Visions*) é composto por três textos: o primeiro, a pedido de Jean-Marc Cerino, para ser incorporado a um de seus desenhos, foi publicado no nº 6 de *L'Impossible*, onde foi acompanhado do segundo, inicialmente publicado na revista *(Des) générations*. O último, enfim, intitulado "*Retour à Saint Étienne*", foi publicado no *Le Monde* de 11 de agosto de 2012.

1

um mundo melhor, já pensei muitas vezes nisso, é claro, mas agora é mais num mundo pior, neste mundo tão piorado, que penso, aliás, é fácil, é só seguir o movimento, a ladeira (de mundo) em que ele engatou e podemos ver tudo chegando, no entanto, de certa maneira, isso embala também a outra hélice, a que impulsiona, cada vez mais lentamente, a barcaça pesada feita dos fragmentos de utopia que pudemos salvar e que ainda não foram comidos pela ferrugem: agora, mesmo que a gente feche os olhos e se deixe carregar, levar, há como que um frescor primeiro, ou de infância, de tal maneira que já não sabemos mais muito bem o que, de um sonho, se dobrou como lembrança ou, de uma lembrança, se configurou como sonho. Na verdade, são como traços, filamentos, vestígios e quase sempre o que vejo, aquilo que fica e se mantém de pé, por conta própria, é uma forma urbana mais solta que não é nem periferia nem campo, mas alguma coisa suspensa e de partida em meio a tudo isso, com linhas retas de pérgulas leves e de alamedas que se interrompem cortando hortas ou jardins pousios, é noite, é verão, as casas estão abertas, é, seria, era como uma única varanda feita de patamares, tem até ruínas, partes arruinadas com cavalos que pastam dentro, tem cadeiras embaixo das árvores onde homens e mulheres bebem em pequenos copos coloridos, eles conversam numa língua que parece uma espécie de sussurro acentuado, súbitas procissões se formam aparentemente sozinhas, não há templos, não os vemos, como campanários eólicos bem altos pontuam o horizonte, e em volta dos poços ou dos chafarizes grupos se reúnem e se desfazem, um sistema de canais e de valas percorre toda a extensão, a noite cai e se apoia na terra, fitas de neon suspensas, brancas, ou verdes, ou azuis, formas oblíquas acima dos cruzamentos, é como um jogo de amarelinha ou uma cidadela invadida, desmaiada, não há nem propriedade nem roubo, tampouco violência, nem mesmo, o que é mais surpreendente, frivolidade, é como se tudo estivesse recortado em relevo, numa nitidez de relevo e de existência que jamais se viu: é, então, de repente o contrário daquilo em cuja direção estamos indo, acho que poderíamos até nos emocionar com isso, ou enlouquecer, margear paredes cada vez mais altas, sempre poderemos fazer isso, mas se por acaso não houver mais portas então naufragaremos e o tempo não será mais nada além de uma boca enorme, uma goela escancarada em que poderemos tombar sem memória e desaparecer sem mais cantar nem, aliás, viver.

2

a ideia de ações rápidas e vivamente empreendidas nas cidades e em todo o território, à noite e de madrugada, como uma rede de linhas que se recortam para formar um imenso e confuso jogo de amarelinha para fazer avançar a pedrinha da ninfa Utopia, é isso, é assim que entendíamos o trabalho. De tudo isso nada mais resta ou quase nada, mas pelo menos os vestígios não ficaram estocados em lugar nenhum, cada um os tem na própria cabeça ou então os perdeu – são ecos distantes, farrapos de escrita em vales onde correm pequenos riachos, ou uma chuva muito antiga e muito pura, longa, absolutamente longa e suave, penetrando a terra em sua profundidade até inquietar nela o retorno do sol. **Operários, camponeses, estudantes** correndo em todos os sentidos, o que se revê é o filme, ele é em preto e branco, nada além de quedas e às vezes uma longa panorâmica sobre um canal com chaminés de tijolos e cabanas enfiadas na penumbra, à beira da água um fogo de paletas que se apaga, ouvem-se ainda um pouco as palavras, há filamentos de cantado e de esperado e depois mais nada, alguém lançou uma jangada de barris e pôs fogo nela, o "esquife" penetra na água escura lançando clarões de apocalipse leve, uma pura imitação, enquanto isso é todo um mundo que de todo jeito desaparece com ele. Será que isso volta? Com que forças poderemos contar? Quem faz agora as perguntas? Oh, o estrado se moveu, os argumentos estão arrumados lado a lado em longas pastas coloridas e nem mesmo os guardiões dos entrepostos se lembram mais do sistema de classificação.......... agora, olhe, a panorâmica recomeçou, vemos outros clarões ao longe, na faixa que está ali um pouco acima do horizonte; não se pode saber o que é, se são explosões, outros pretendem que a retenção de água não vai aguentar e que o número de barcos não bastará, é engraçado, não acreditamos, não acreditamos em nada, aliás, nem mesmo no que vemos, é triste, há ruínas, cavalos, os cavalos estão nas ruínas, eles se deslocam lentamente, é tudo o que resta.

3

UM RETORNO (Saint-Étienne, junho de 2032)

Ele tinha me dito que o reencontrasse logo na primeira noite. Eu tinha chegado pouco antes e, portanto, não tivera tempo de visitar a cidade. Só o trajeto desde a estação. Em Châteaucreux, praça Fourneyron, no centro, portas e janelas condenadas, vedadas com blocos de concreto ou tábuas, pequenas bancadas furtivas bem pouco iluminadas na noite que caía, algumas silhuetas silenciosas, cavalos amarrados às árvores, nada que se distinguisse de fato da atmosfera de deserção e de espera que se encontrava em toda parte. Em compensação, grande tinha sido o prazer de reencontrar sob meus passos a inclinação tão inteligentemente suave da rampa helicoidal do edifício sem escada de Auguste Bossu, esse edifício já velho de um século cuja ideia, por causa das regulamentações de incêndio, só pôde ser retomada uma vez, pouco abaixo, aliás, na mesma rua.

O edifício parecia quase vazio, mas como eu soube mais tarde, ao menos metade das habitações permanecia ocupada. O apartamento, cujas chaves me haviam sido entregues na estação por um contato que eu não conhecia, ficava à altura de dois terços do edifício, mas subi até o terraço. A porta de acesso estava aberta. Havia roupa secando, imóvel, não tinha vento. O que me impressionou foi o silêncio. Por mais que se estivesse habituado a não mais ouvir passarem carros – a não ser de tempos em tempos um veículo oficial ou de serviço –, era difícil se acostumar. Mas havia outra coisa, uma qualidade, como se esse silêncio tivesse sido um vazio delicadamente trabalhado mais do que um simples efeito da Grande Pane. Isso me intrigou. Seria possível que o rumor que corria nos círculos e nos conselhos fosse verdadeiro? E que ali, em Saint--Étienne, eles tivessem sido os primeiros a reabrir o caminho?

Por um lado, eu estava impaciente para verificar isso, por outro, sentia que não devia precipitar nada. No apartamento, na mesa da cozinha, encontrei um envelope contendo o mapa do caminho a seguir para encontrar Paul. Era em antigos jardins operários. Diziam-me para não me enganar: outros jardins, não necessariamente muito distantes, estavam em mãos bem diferentes. Eu devia, portanto, prestar atenção.

Na geladeira encontrei o lanchezinho previsto e uma garrafa de Viognier aberta. O gosto desse vinho, seu nome, era para mim, em primeiro lugar, uma noite distante de temporal, em alturas acima do rio Ródano, perto de Vienne – a ressurgência cega de um tempo desaparecido. No entanto, por mais fraco que tivesse sido o batimento, eu tinha que me voltar para o futuro, era para isso que eu tinha vindo. Ergui meu copo, quase sem ironia. Depois saí.

Os jardins indicados pelo mapa eram sem dúvida aqueles que Loulou me levara para conhecer havia muito tempo. À beira de uma longa curva, eles seguiam na direção de um vale bem inclinado, abaixo de La Cotonne. Segui o caminho sem encontrar ninguém, a não ser alguns cães errantes. Quando cheguei diante do portão de ferro da entrada, tive certeza, era exatamente ali que eu tinha vindo antes. De uma espécie de pequena guarita, surgiu um homem que me pediu a senha, lhe dei, já que a tinha girando em minha cabeça desde Paris: "O tempo das cerejas ainda não chegou", seu sentido não era claro, mas esse era exatamente o estilo de Paul. O homem apertou minha mão e me pediu para segui-lo. Era um velho árabe longilíneo que andava rápido.

Quando a curva do caminho bastou para que a estrada e o portão de entrada sumissem, descobri um espetáculo que eu não tinha ousado imaginar. Aqui e ali, nos declives, entre cabanas, nos jardins, grupos de homens e de mulheres, espalhados. Neons de cor verde ou azul, suspensos por um sistema de cabos improvisado, davam consistência a uma luz meio estranha, semelhante àquela que, não faz ainda tanto tempo, iluminava os rostos inclinados sobre os computadores.

Em parte, cuidados, em parte, incultos, os jardins se sucediam formando espécies de degraus que subiam por faixas com a largura de dois ou três metros, as cabanas ficavam em geral no alto das porções de terreno. Logo notei que, em relação à minha lembrança, elas tinham crescido muito. Era visível que alguns daqueles que estavam ali dormiam nelas. Viam-se espécies de leitos diretamente embaixo das barracas. A atmosfera de bricolagem que sempre tinha prevalecido nesses jardins operários mais reclusos e secretos parecia ainda mais reforçada, mas o que era mais surpreendente era a calma que impregnava os grupos, a maneira como se deslocavam, como habitavam o local. Nem clamores nem disputas, e sim uma espécie de fervor silencioso. Mais para baixo do vale, vagalumes voavam.

Sob uma barraca grande, reconheci Paul. Ele estava sentado em companhia de um pequeno grupo, que incluía uma mulher vestida com um casaco chinês. Havia velas e copos sobre a mesa, os rostos brilhavam. Meu guia me deixou e dirigiu-se para outra cabana. Paul fez um sinal para mim e me instalei. Eles estavam falando de um culto que tinha nascido da lembrança da mina no poço Couriot, na sala dos Enforcados. Era preciso visitá-la, ir ver, essas formas de messianismo são inevitáveis, dizia ele, encontrando oposição. Desconhecidos tinham quebrado todos os vidros da Casa do Emprego, transformada em depósito, as coisas sem dúvida estavam ligadas, aquelas janelas em forma de feijão, aquele edifício, tudo isso que fazia parte de um mundo passado em que a arquitetura e os homens tentavam primeiro fazer com que se falasse deles...

SOBRE O AUTOR

Jean-Christophe Bailly nasceu em 1949, em Paris. Doutor em filosofia, poeta, ensaísta, dramaturgo, dirigiu várias revistas e coleções em editoras importantes, e foi durante cerca de vinte anos professor da École Nationale Supérieure du Paysage et de la Nature de Blois. Trata-se de um escritor inclassificável, autor de uma obra já vasta e bastante diversa. Numa escrita ágil e elástica, erudita mas destituída de academicismos, Bailly transita por gêneros e campos disciplinares distintos, embaralhando recursos formais e estratégias retóricas para abordar os temas e objetos mais variados.

Seu trabalho se distingue especialmente pela capacidade de abrir perspectivas e de articular conexões interrogando, a partir delas, os modos de existência sensível das coisas inanimadas e dos viventes, as experiências de partilha e de separação da vida em comum, além dos signos e das latências que, por meio de regimes de relações singulares, se depositam e se propagam no espaço e no tempo.

Entre seus ensaios, prosas narrativas, poemas e peças de teatro, Bailly aborda temas da história, da filosofia, da história da arte, da literatura e da biologia. Entre suas inúmeras obras estão *La Comparution* (1991, com Jean-Luc Nancy), *Le Propre du langage, voyages au pays des noms communs* (1997), *Basse continue* (2000), *L'Instant et son ombre* (2008), *Le Dépaysement – Voyages en France* (2011), *Le parti pris des animaux* (2013), *L'Élargissement du poème* (2015), *L'Imagement* (2020) e *Naissance de la phrase* (2020).

A frase urbana é seu primeiro livro publicado no Brasil.

FOTO DE CAPA:

São Paulo. 1960.
© René Burri/Magnum Photos/Fotoarena

Este livro foi editado pela Bazar do Tempo em abril de 2021, na cidade de São Sebastião do Rio de Janeiro, e impresso no papel Pólen Soft 80g/m². Foram utilizados os tipos Din, Mercury e Myriad.